コーヒーと楽しむ
一瞬で心がリセットされる40の物語

西沢泰生

PHP文庫

○本表紙図柄＝ロゼッタ・ストーン（大英博物館蔵）
○本表紙デザイン＋紋章＝上田晃郷

商店街を抜けた先にある小さな公園。
桜が香る、午後のひととき。
愛犬とともに、キッチンカーでひと休み。
お供は、1杯のコーヒーと、
お気に入りの文庫本。

はじめに

1杯のコーヒーで心をリセット

「昨日はまいったな……」

入社して2年目の春。
はじめて任されたお客様先でのプレゼンテーション。
緊張して、伝えたいことの半分も言えなかった。
周りは「最初にしては上出来」と言ってくれたけれど……。

仕事で気分が沈んだ週末は、
犬の散歩のついでに近所の公園へ。
いっとき、仕事を忘れて読書にふける……。
そして、温かなブレンドコーヒーでリフレッシュ。

この本には、そんな時間のお供になる、心をリセットできる話を集めました。

メニューは次のとおり。

ブレンドコーヒーの章
ブレンドコーヒーとともに読みたい「胸がジンと温かくなる話」

アイスコーヒーの章
アイスコーヒーとともに読みたい「気持ちがキリッとリセットする話」

カフェオレの章
カフェオレとともに読みたい「心がホッコリと和(なご)む話」

エスプレッソの章

エスプレッソとともに読みたい「気分がググッとアガる話」

いつものように、お好きなページの気になる話からご賞味ください。

この本が、あなたの心のリセット時間を、より素晴らしいものにするお手伝いができれば幸いです。

西沢泰生

コーヒーと楽しむ
一瞬で心がリセットされる40の物語

目次

「胸がジンと温かくなる話」

「気持ちがキリッとリセットする話」

アイスコーヒーとともに読みたい

「心がホッコリと和む話」

カフェオレ
とともに読みたい

「気分がググッとアガる話」

「胸がジンと温かくなる話」

01 ある朝、上司に呼び出されて「あなた、この仕事、面白くないでしょ」と言われたら

想像してみてください。

ある日、会社の上司から会議室に呼び出されて、こう言われたとしたら……。

「あなた、この仕事、面白くないでしょ」

かつて、会社員として働いていたときに、そんな経験をしたのが、お笑い芸人、ジャングルポケットの斉藤慎二さんです。

斉藤さんと言えば、小学校から中学校にかけて学校でいじめに合い、その体験を告白したことでいっとき話題になりました。

普段、テレビではハチャメチャなキャラクターを演じていますが、最近では、その辛かった体験をもとに、いじめをテーマにした講演も行っています。

そんな彼、実はもともとは役者志望でした。きっかけは中学生のときに見た芝居に感動したこと。短大の芸術科演劇専攻に進学し。その短大を卒業後、あこがれていた文学座の養成所へ入りました。しかし、研修科生昇格の査定で不合格になってしまいます。

「あこがれの文学座に入れないなら、役者にならなくてもいいや……」

そう考えて、失意のまま千葉県の実家に戻り、一般企業に就職したのです。


会社で働いていたある日のこと。

斉藤さんは、上司であるベテラン社員の女性に、たった1人、会議室に呼び出されました。

そして、いきなりこう言われたのです。

「あなた、この仕事、面白くないでしょ」

言われた斉藤さんは、それほど驚きませんでした。

なぜって、図星だったからです。

決してその会社が嫌いなわけではありませんでした。でも、たしかに仕事が面白いと思ったことはなく、なんの反論もできません。

しかし、そのあとに上司が続けたひと言が、斉藤さんの人生を変えたのです。

「あなたは、もともと役者を目指していたんだよね。だったら吉本にいったら？」

「えっ？　吉本って、あのお笑いの吉本興業ですか？」

「そう。その吉本。まず、お笑い芸人になって名前と顔を売って、それを踏み台にして、役者になればいいんじゃない？」

言われてみれば、たとえば竹中直人さんなどは、もともとテレビ番組の素人出演コーナーに出て名前と顔を売り、その後、役者としてNHK大河ドラマ『秀吉』に主演するなど、ドラマや映画で活躍をしています。

「そういう人、いっぱいいるでしょ。今から劇団に入っても、年齢的にキツイでしょ。だからそっちにいけば」

人生を変えてくれた上司の正体は？

上司は、なぜか軽い口調でしたが、言われた斉藤さんは思いました。

「その手があったか！」

さっそく、その日のうちに、オーディションに関する雑誌を購入。見れば、吉本興業の養成所の申し込みの締め切りの2日前ではありませんか！

これはもう運命だと思った斎藤さんは、翌日には、吉本興業へ願書を送り、退職願を手にして出社しました。

前日に吉本入りを勧めてくれた上司は、その日は偶然、お休みだったものの、退職願を部長に提出して退社したのです。

その上司から電話がかかってきたのは次の日のことです。

「あんた、何考えてんの！」
「えっ？　言われたとおり、吉本に入って、お笑い芸人を踏み台にして役者を目指します。お笑いのことはよくわかんないですけど……」
「バカね！　そんなの冗談に決まってるでしょ！」

えーーってです。でも、そんなことを言われても、すでに吉本に願書を送っているし、会社に退職願も提出しています。そして、何より、すっかりその気になっていた斉藤さんは、結局、そのまま会社を辞めてしまったのでした。

その後、吉本に入った斉藤さんは、ジャングルポケットを結成。人気者となった現在では、本当に、個性派の役者としてドラマに出演することもあり、声優の仕事なども入るようになりました。図らずも、元上司の言葉のとおりになったのです。

さて。この話には意外な続きがあります。

あるとき、「この人との出会いが人生の転機となった」というテーマの番組に出演することになった斉藤さんは、「たとえ冗談だったとしても、自分に吉本入りを勧めてくれて、人生を変えてくれたあの上司に会いたい」と、スタッフに伝えます。

さっそくスタッフが調べてみると……。残念なことに、そのときにはすでに上司はお亡くなりになっていました。しかし、その上司には意外な過去があったことがわかったのです。

なんと、その女性上司。**その会社に入社する前は芸能プロダクションの社長をやっていた**のです！　会社員になってからはダントツの営業成績で、社長時代よりも何倍も稼いでいたこともわかりました。

こうなると、あの日の言葉は冗談ではなく、斉藤さんのお笑い芸人としての資質を見抜いたうえで、冗談めかして吉本入りを勧めてくれたのかもしれないのです。

しかし、本人がご逝去(せいきょ)された今、その答えはもう、永遠にわかりません。

1つだけ確かなこと。

それは、斉藤さんが今でもずっと彼女に感謝し続けているということです。

02 ぜんぜん知らない若者が訪ねてきたとき、所ジョージさんの「神対応」

仮に、あなたが、国民的なタレントだったとして、ある日、自分の家に、ぜんぜん知らない若者が訪ねてきて、こんなことを言ったとしたら……。

「自分は商売をはじめたいと思っていて、ちょっと相談したいことがあるんで会いにきました。突然、訪ねてきてしまってすみません」

さて、あなたはどんな対応をしますか？

実はこれ、タレントの所ジョージさんが実際に体験した話なのです。

所ジョージさんと言えば、車、バイク、ゴルフに模型、モデルガンと、多趣味で知られています。そして、その活動場所になっているのが、有名な『世田谷ベース』と呼ばれる自宅兼ガレージ。

この『世田谷ベース』。言わば「大人の秘密基地」というような場所。

しかし、世の中で言う「秘密基地」と違うところは、その住所が番地までも一般に公開されているということです。

普通、タレントは自宅の場所を隠すものです。テレビ番組で、自宅が東京の何区にあるかをバラされるだけでも嫌がる芸能人がたくさんいます。それなのに、簡単に住所を公開してしまう、この開けっ広げ感がいかにも所さんらしい。

普段は、この『世田谷ベース』で、車やバイクをカスタマイズしたりして楽しんでいる所さん。

ある日のこと、そこに突然、1人の若者が訪ねてきました。

その若者、実は自分でジーンズのブランドを立ち上げようと考えていました。

そして、「ジーンズといえば所さんだ!」と思い立って、世田谷ベースに電撃訪問してきたのです。

公開されている住所の情報を頼りに、『世田谷ベース』にやってきてみると、中から所さんらしき鼻歌が聞こえてきます。それで、勇気を出して、塀の外から「こんにちは」と声をかけてみました。

すると、門が開いて、ひょっこりと所さん本人が顔を出すではありませんか！

若者は「ここまできたら、もう当たって砕けろだ」という思いで、緊張しながら、「自分はジーンズのブランドを立ち上げたいと考えていて、ここにきました」と、突然の訪問理由を説明しました。

すると、所さんの口から、信じられない言葉が……。

突然の訪問者に「神対応」の理由

訪問してきた理由を聞いた所さんは、若者にこう言ったのです。

「むしろ、ありがとね」

「えっ？」となる若者。勝手に訪ねてきた自分にお礼を言ってくれるなんて！

さらに、所さん、**「ジーンズ、俺がはくよ」**と言うと、若者が持参したジーンズをはいてくれました。

そして、こう言ってくれたのです。

「（商売をはじめるなら）写真も撮っておいたほうがいいんじゃない？」

なんと、その日、初めて会う若者と、ツーショット写真まで！

まさに神対応です。

若者はすっかり感動してしまいました。

所さんとのツーショット写真のアピール効果は絶大で、その後、無事に自分のジーンズのブランドを立ち上げることができたといいます。

私は、初めてこの話を聞いたときにこう思いました。

「見ず知らずの相手に対して、こんな対応をしていて、所さん、大丈夫だろうか？

良からぬトラブルに巻き込まれてしまうのではないだろうか？」

でも、自分の経験とも照らし合わせてよくよく考えると、所さんの行動に合点がいきました。

恐らく所さんは、**この若者をひと目見て、悪人ではないと見抜いた**のではないかと思うのです。

私の知人の起業家の方も、「**自分の最大の強みは、人を見る目があること**」とおっしゃっていました。その方によると、「初めて会う相手でも、ひと目見れば、だいたいどんな人間かわかる。1分も話せば、その第一印象は確信に変わる」とのことで、第一印象が間違っていることは、「ほとんどない」のだそうです。

たぶん、所さんも、この若者の態度や表情から、「この子は純粋にジーンズが好きなのだ」と見抜いたのではないでしょうか。

だから、「**(世の中にたくさんいる「ジーンズ好き有名人」の中から、自分を選んで、**

頼ってきてくれて）むしろ、ありがとね」という言葉を伝えた。

そして、若者の商売の助けになればと考えて、ツーショット写真を快く撮らせてあげたのではないかと思うのです。

私も、フリーランスになってからは、**自分のことを信用してくれて、頼りにしてくれる人に対して、感謝の気持ちを感じる**ようになりました。

この感覚は、会社にいた頃は、あまり感じませんでした。なぜって、会社の中では、上司が仕事を依頼してくるのは当たり前だからです。でも、フリーランスになったら、「仕事の依頼」自体が「有り難いモノ」に変わります。

そうなってみて、さらに、この所さんの神対応の理由が腑（ふ）に落ちたのです。

人が自分のことを頼って、あるいは信頼して**何かを頼んでくれるって、本当は**「**むしろ、ありがとね**」**っていうこと**なんですね。

03 頭へのデッドボールが生んだ「奇跡のような場面」

昔、テレビのプロ野球中継で、まるで野球漫画のような信じられないシーンを見たことがあります。

それはどんな場面だったかというと……。

ピッチャーが投げたボールがすっぽ抜けてバッターのヘルメットを直撃！　デッドボールを受けたバッターはその場に倒れてしまいます。

と、それだけなら、ただのデッドボールシーンです。

信じられなかったのは、なんと、**ボールを受けたヘルメットが真っ二つに割れてしまっていた**ことです。

まるで、『ルパン三世』に出てくる五ェ門の斬鉄剣（ざんてつけん）で斬られたかのように、頭からきれいに真っ二つに割れたヘルメットが、倒れたバッターのすぐ横に転がっている。

プロ野球のピッチャーが投げるボールが、これほどまでの破壊力を持っていようとは。これが頭蓋骨だったら……そう思うだけでゾッとしました。

ちなみに、プロ野球の選手が耳あて付のヘルメットをかぶるようになったのは、1970年8月26日の阪神対広島戦で、田淵幸一さんが左耳の上にデッドボールを受けたことが大きなきっかけになったと言われています。

このとき、倒れ込んだ田淵さんは起き上がることができず、球場の医師が応急処置で耳に消毒ガーゼを当てると、それが見る見る血に染まったといいますから大事故です。

田淵さんは担架で運ばれてそのまま病院に直行。

幸い、大事には至りませんでしたが、その後、「選手の命を守るため」に、耳あて付のヘルメットが一気に普及したのです。

裏話ですが、実はこの日、阪神球団は、春に来日したメジャーリーグの選手が使用していた耳あて付のヘルメットを注文したばかりだったそうです。もし、田淵さんが「もしものこと」になっていたら、「もう少し早く注文していれば……」と、悔やんでも悔やみきれないことになるところでした。

頭にデッドボール。そのときバッターは……

さて、これは、そんな危険極まりない「頭へのデッドボール」が生んだ、ちょっと心が温まる話です。

2022年8月10日(現地時間は8月9日)、アメリカのテキサス州で行われた、リトルリーグ・ワールドシリーズの地区予選、テキサスイースト対オクラホマの試合でのことです。

それは初回、ツーアウト一、二塁の場面で起こりました。

テキサスイーストのピッチャー、カイデン・シェルトン君が投げたボールがすっぽ抜けて、バッターのイザヤ・ジャービス君の頭に当たってしまったのです。

当たったのは、ヘルメットの耳あてと顔の境目くらいの危険な場所。

ヘルメットは飛び、もんどりうってその場に倒れるジャービス君。

頭を両手でおさえて、苦しげにのたうちます。

あわてて駆け寄るコーチたち。彼らに支えられて、なんとか立ち上がることができました。

コーチに腕を支えられながらヨロヨロと一塁へ歩きます。

どうやら大事に至らず、プレー再開……と、思ったそのとき……。

今度は、ピッチャーのシェルトン君に異変が。

ジャービス君の頭にボールをぶつけてしまったショックから、マウンドで泣き出してしまったのです。

球審がマウンドまで行き、なだめますが、肩を震わせて泣き続けます。

審判が戻っても、まだ、下を向いたまま投球をはじめられません。

……と、このときです。

一塁走者になっていたジャービス君が、ゆっくりとマウンドに歩き出すではありませんか。マウンドまできたジャービス君、泣いているシェルトン君にひと言、声をかけます。

「大丈夫だよ、頑張ろう」

そして、**シェルトン君にハグをした**のです。

自分の頭へデッドボールをぶつけた相手ピッチャーとのハグ。

この姿に、スタンドの観客たちはスタンディングオベーションです。なかには感動で涙を流して拍手をする人も。

ナインたちも駆け寄ってシェルトン君の肩を叩きます。こうして、立ち直ったシェルトン君は、ふたたびピッチングを続けることができたのでした。

結局、試合は、9対4でテキサスイーストが勝利しました。しかし、勝ち負けを超えたこの美しい場面は、ネットでも話題となり、メジャーリーガーたちからも絶賛されたのです。

デッドボールにエキサイトして、乱闘騒ぎになることもあるメジャーリーグの選手たちが、リトルリーグの選手に「スポーツマンシップ」の真の姿を教えられた形ですね。

04 入学式後のホームルームで「おめでとう」を言わない理由

たとえば高校に入学したとき。

入学式を終えて教室に入ったあと、担任の先生による初めてのホームルームって覚えていますか？

そのとき、先生は開口一番になんと言ったでしょうか？

やはり、普通は「皆さん、入学おめでとうございます」だったのではないでしょうか？

ある高校の先生の話です。仮にM先生としましょう。

M先生は、入学式の日の最初のホームルームで、いきなり生徒たちに「入学おめでとう！」とは言わないのだそうです。

いったい、なぜなのでしょう？

実はそこには、生徒たちの気持ちを考えた「ある考え」が秘められていました。

M先生は言っています。

「**たまに、『入学してくる生徒全員が、この日（入学式）を待ち望んでいた』というスタンスで熱く語る先生もいます。でも、その前に、ちょっとだけ立ち止まって考えてみてください**」

立ち止まって、「**本当に入学式を心待ちにしていた生徒ばかりかどうか？**」と、考えてほしいとおっしゃっているのです。

M先生が勤務する高校を第一志望にしていた生徒なら、入学式を待っていたでしょう。

でも、なかには、第一志望の高校が別にあって、M先生の高校は滑り止めだったという生徒だっているはずです。

第一志望校に落ちてしまい、不本意ながらも入学式の日を迎えた生徒は、この日、ちょっと複雑な気持ちでいるかもしれません。

そんな心境なのに、初めて会った担任の先生が「クラスの全員が、今日の日を待ち望んでいた」というスタンスで、安易に「入学おめでとう！」と言ってきたら、もう、その時点で「心のすれ違い」が起こってしまう。

そんなことを考えて、M先生は、入学式の日のホームルームで、いつも、こんな話をするのだそうです。


「みんな、いろいろな気持ちでここにいます。

きっと、この学校が第一志望校ではなかった人もいるでしょう。

それは、これまでの先輩方たちもみんな同じでした。

でも、3年後には、『この学校に入学してよかった』と卒業していく生徒がほとんどです。

それは、なぜだと思いますか？　それは、これから3年間、『ここにいるはずじゃなかった』と思い続けるのではなく、『今、ここからこの学校でできることをやっていこう』と行動していったからです。

どういう高校生活を送るのかは、みんな次第です」

こんなメッセージを送ってから、初めて、全員にこう言うのです。

「ご入学おめでとうございます！」

M先生は、目の前の生徒たちが「今、どんな気持ちでいるのか？」を想像し、心情を察する思いやりを持つことで、入学式後のホームルームでは、いつもこんな挨拶をしているのです。

この挨拶を聞いた、生徒の親御さんからは、「第一志望校の受験に失敗し、それを引きずって心配していましたが、先生の言葉を聞いて、本人の気持ちが切り替わったようで安心しました」と、感謝されることも多いといいます。

「相手の心に寄り添うこと」

それが大切なのは、なにも学校だけの話ではありません。

ビジネスの世界。とくに、上司と部下の関係においては、非常に重要なことではないでしょうか。

知人のコーチングのプロの方に伺った話です。

「会社の管理職って、『部下は、全員が自己実現や成長を望んでいる』と思い込んでいる人が多い。実際には、会社での自己実現や出世なんていっさい望んでいないし、興味もない部下もいるのに、面談などで、『成長したいだろ、次のステップに上がりたいだろ』って決めつけて、『そのためには、ああして、こうして……』と、部下を追い込んでしまう上司がいる」

一見、部下のことを考えているようで、実は相手の心情を無視した言葉の攻撃をしてしまうのですね。そもそも、管理職になるような人は「会社第一、仕事命」みたいな人が多いので、ぜひ、気をつけたいところ。

「今、相手がどんな思いでいるか？」を考えて、その思いに寄り添った言葉を投げかける。それが、人間関係をつくる基本の1つなのではないでしょうか。

ちなみに、M先生。学年が変わって、クラス替えが行われたときには、生徒にこんなことを言うそうです。

「これからこのクラスで1年間やっていきます。
ただ、生物学的に新しい環境は居心地が悪いものです。
これまでのクラスや環境のほうがよかったと感じるのは当然のことです。
だから、すぐに慣れよう、仲良くなろうというのが無理なのはよくわかっているので、少しずつこの環境を自分の居心地のよい空間にしていってください」

新しいクラスはみんな不安なのだから、ゆっくり慣れていけばいいんだからね……という気づかい。

いや〜素晴らしいです。

05 リアル「半沢直樹体験」で、2つのデトックス効果

それまでの勢いが突然下がってしまったときは、2つのデトックス（毒出し）ができる……という話。

私の知人で、起業家として複数の会社を経営されている方が、かつて、一部上場の一流企業で役員をされていた当時の「ドラマのような体験」です。

その方……仮にIさんとしましょう。

ある日、会社に出社してみると、自分のデスクがなくなっていたそうです。

役員職に就いていましたから、前日までは、大きなデスクと肘かけのついている立派なイスに座って仕事をしていました。

そのデスクとイスが消え失せて、探してみたら、フリーアドレスの一般社員席に

移動されていたそうです。

実はIさん、「専制君主制のような体制」ができあがっているその企業の社風のなか、正しいと思えば自分の意見を曲げず、間違っていると思えば、それが「君主」の意見であろうとも（相手への尊重や配慮に十分気をつけたうえで）間違いを指摘することもいとわないという姿勢で仕事をしていました。

その結果、「専制君主」に目をつけられて、言わば、「自分に逆らう者はこうなる」という「見せしめ」として、「席」を奪われたのでした。

自分のデスクがきれいさっぱりなくなっているのを見たIさんは、不思議と悔しさや怒りを感じませんでした。それよりも、『半沢直樹』のようなドラマやサラリーマン漫画に出てくる、現実離れした「いじめ」を目の当たりにして、「こんなことって、本当にあるんだ」と、むしろ感心してしまったそうです。

フリーアドレスの一般社員席に移ってからも、Iさんは、それまでと変わらずに仕事を続けました。むしろ、「一般社員と会話する機会が増えてよかった」とさえ思ったとのこと。

Ｉさんは言っています。

「私へのこの仕打ちによって、むしろ私の周りが動揺したかもしれない。それまでと変わらず私を慕って接してくれる人もいれば、理不尽なことが起きているとわかっていても、自分の出世のために、君主の足の指を舐めるような人もいた」

ビジネスの世界を舞台にしたドラマや漫画で、「どの役員の下につくかで出世が決まる」というようなシチュエーションが登場することがあります。それで言えば、Ｉさんは、会社内ではもう「ついて行ったら自分の出世はない」という「死に体」の役員。

そのため、それまで、おのれの出世のためだけにＩさんについてきていた人たちは波が引くように去っていき、**本当に尊敬と信頼で結ばれていた社員だけがＩさんのもとに残った**そうです。

「人は、普段はいくらでも着かざることができる。だから本質を見抜くのはなかなか難しい。しかし、自分がこういう状況になったことで、邪心で自分に近づいている輩の『膿出し』をするのにとてもいい機会になった」とＩさん。

以前に、自己破産をした経験を持つ元社長さんが、Iさんと同じようなことをおっしゃっているのを伺ったことがあります。

「事業が好調なときは、たくさんの人たちが近づいてくるけれど、自己破産した途端に手のひらを返すように去っていく。そして、それでも残ってくれたわずかな人が、本当の友だった」

うまくいっているときにはたくさんの人が「味方のフリ」をして寄ってきます。

でも、**本当の味方は、うまくいかなくなったときに、初めてわかる**のですね。

これが、うまくいかなくなったときの「1つ目のデトックス」です。

もう1つのデトックス

うまくいかなくなったときの、もう1つのデトックス。

それは、**自分のなかに溜まった『慢心』という毒**を出すことです。

たとえば、デビューしてすぐに大人気になったタレントやお笑い芸人が、あるときを境に、あっという間に人気がなくなることがあります。

そんなとき、いきなり人気が出てイイ気になり、番組の若いスタッフなどに横柄(おうへい)な態度をとっていた人は、周りから「これ幸い」と離れられてしまいます。それこそ、周りから、サーッと人がいなくなる。人気絶頂の人が、自信過剰から、記者会見で横柄な受け答えをして、一気に仕事がなくなるのって見たことありませんか。

いっぽうで、どんなに人気があっても、「今の人気は周りの皆さんのおかげ」という態度を貫いて、末端のスタッフにまで気をつかっていた人は、いざ、人気がなくなっても、それまでに関係を築いていたスタッフから次の仕事の声がかかります。周りの人が、「**あの人とまた仕事がしたい**」って思ってくれるからです。

ビートたけしさんは、若い番組スタッフなどにご飯をご馳走(ちそう)したとき、帰り際によく、冗談めかして「**売れなくなったら、使ってね**」と言っていたそうです。

いつか、自分が売れなくなるときがきたら、番組で使ってね……というお願いです。さすが、たけしさんは人気者になったあとでも慢心がありません。

お笑い芸人の飯尾和樹(いいおかずき)さんも、**「上からの評判がよくても、年下からの評判が悪い人は必ず10年以内に消えていくので、距離をとるようにしている」**と言っています。

うまくいかなくなったときは、**「もしかしたら自分は、周りに対して横柄な態度をとっていたかもしれない。調子に乗っていたかもしれない」**と、それまでの自分の「おごり」に気がつく機会になる。

これが2つ目のデトックスです。

落ち目になったときは、「下心がある人間」と、「自分のなかにあったかもしれない慢心」という、**2つの毒を出すチャンス!** そう考えれば、感謝できます。

ちなみにIさんも**「『半沢直樹』に出てくるような経験をさせてくれて、ものすごいスピードで自分を成長させてくれた輩に感謝している」**とおっしゃっています。

06 ぜったい遅刻できないときに、遅刻してしまったら

世の中というのは、誠にもって不思議なもので、「明日だけは絶対に遅刻できない！」という日にかぎって、目覚まし時計の電池が切れて鳴らなかったり、電車が遅延してしまったりして、遅刻してしまうもの。まるで、**遅刻の神様が、「コイツを今日、遅刻させたら面白いよな」って、楽しんでいる**のかも……と疑いたくなるくらいです。

でも実は、そんな「絶対に遅刻できない場面」で遅刻してしまったときこそ、人間力の発揮のしどころなのです。

これは、元JAL（日本航空）の客室乗務員で、のちに訓練生を指導する教官、そして退職後は人材育成コンサルタントとなり、数多くの著書も出版されている七

條千恵美さんの著書に出てくる話です。

七條さんがまだ客室乗務員で、アメリカにステイしたときのこと。七條さんと同じグループで、その日のフライトのチーフパーサーである女性が、寝坊で、集合時間に遅刻してしまったのです。

しかも、間の悪いことに、その日は、いつもはいない会社のマネージャーが、フライトのチェックのために同乗するタイミング。七條さんは、空港に向かうバスに彼女が乗り込んできたら、なんと声をかけたらよいかとヤキモキしていたそうです。

そこに、化粧をするヒマもなく、ノーメイクのままの彼女がバスに乗り込んできました。

開口一番、みんなに謝る彼女。

「皆さん！　本当にご迷惑をおかけしました！」

ここで彼女は素晴らしい人間力を発揮します。続けて言った言葉が最高だったのです。その彼女の言葉によって、少し張りつめていた空気は一気に和らぎ、皆、笑顔になりました。

彼女は、「ご迷惑をおかけしました！」に続けてこう言ったのです。
「今日は、フライトのチェックでマネージャーもいらしているというのに、寝坊をしてしまい、そして、皆さんにスッピンをさらして……。わたくしはもう怖いものは何もございません！」

この言葉で笑いが起こり、場の空気が一変しました。
チーフパーサーの彼女。遅刻したにもかかわらず、自虐的なユーモアによって一瞬にしてその場を明るくさせてしまったのです。
もちろん、その日のフライトは、なんの問題もなく終えることができたそうです。

もう1つ。遅刻した場面で、人間力を発揮した人の話。

私が大好きなある起業家の方……仮にAさんとしましょう。このAさんが、とても時間に厳しいことで有名なある社長と、初めて会食をすることになったときのことです。

なんとAさん、会食のお店を、店名が似た別の店と勘違い。約束の時間に遅刻してしまったのです。

時間にすれば、わずか10分の遅刻です。しかし、Aさんに社長を紹介した方は「これでもう、この会食が仕事に発展することはないな」と思っていました。

ところが……。

遅刻したAさんが会場の部屋の扉を開けて「どうもすみませんでした！　申し訳ないです！　あの、本当に申し訳ないです！」と入ってきた瞬間に、それまで凍りついていた部屋の空気が一変したのを感じたのです。

しかも、驚いたことに、時間に厳しいはずの社長はとくに怒り出すこともなく、Aさんと社長の会食は和やかな雰囲気で終了。そのうえ、後日、その社長からAさんに仕事の依頼が！

その日の会食のコーディネイトをした方が不思議に思い、のちにその社長に話を聞くと、こんなことをおっしゃっていたそうです。

「Aさんが部屋にバーンと入ってきた瞬間に、部屋のなかがAさんの世界に変わっ

てしまった。あれには驚いた」

つまりAさんは、遅刻の謝罪1つで、「ただ者ではない！」って思われたというわけです。

大事な日の朝にかぎって寝坊をして遅刻してしまう……。

いや、大事な日だからこそ、前の晩になかなか寝つけず、それで寝坊をしてしまう。人間ですから、そんなこともあります。時間に間に合うように、余裕をもって家を出たのに、集合場所を間違って遅刻してしまうこともあるでしょう。

でも、**終わったことはもう仕方ありません。大切なのは、そうなってしまったとき、そのあとでどう行動するかです。**

遅刻したとき、失敗したとき、謝らなければならないとき、それらは全部、人間力の発揮のしどころ。その場の雰囲気を一変させるひと言で、あなたのことを見て楽しんでいる、「遅刻の神様」をギャフンと言わせてやりましょう。

（参考『「気がきく人」が大事にしている、ちょっとしたこと』（七條千恵美著　Clover出版）

07 「40分、つないでください」と言われたときに

「会場の電源が落ちてしまったので、修復まで、今から40分、舞台でつないでください！」

あなたがもし、イベントのスタッフで、会場の関係者からそう言われて、舞台に1人、立たされたとしたら……。

しかも、目の前に、3000人のお客さんがいるとしたら……。

いったいどうやって、40分という「途方もなく長い時間」をつなぎますか？

そんな、大ピンチに陥った経験があるのが、テレビディレクター・演出家・プロデューサーの吉田照幸さんです。

吉田さんと言えばＮＨＫの朝ドラ『あまちゃん』『エール』や大河ドラマ『鎌倉殿の13人』など、人気ドラマの演出で知られ、『エール』では演出だけでなく一部で脚本にも携わっていた方。

その作風の根本にあるのは、「笑い」です。

吉田さんが冒頭にお伝えした大ピンチを切り抜けることができたのも、この「笑い」の精神を持っていたおかげでした。

それは、公開収録の歌番組での出来事。

会場には３０００人のお客さんがいます。

収録は途中までは順調に進んでいましたが、突然、会場の電源が落ちてしまったのです。原因は不明。舞台監督をしていた吉田さんは、とにかく、お客さんの前に出て行って、場をつながなければならなくなりました。

この文の冒頭で「今から40分、舞台でつないでくださいと言われたら……」と書きましたが、正確には、「何分つなげばよいか？」すらもわからないまま、吉田さんは舞台に上がり、結果として、40分間を「つなぎきった」のです。

コント番組の演出もやっている吉田さんですが、3000人のお客さんを笑わせる話芸があるわけではありません。

では、いったいどうやって、時間をつないだのか？

ひたすら謝り続けたのです。

しかし、そこは「笑い」のツボを知っている吉田さんです。

単純に謝り続けただけではありませんでした。

舞台に上がると、まず「すみません」と言って頭を下げます。

この段階では、盛り上がっていた舞台が中断して、お客さんたちは無反応。

吉田さんは続けます。

「わかります。楽しみにして来たのに、こんなところでストップしてしまって、こんな謝り方じゃ足りませんよね」

そう言うと、今度は土下座します。

「まだダメですか？　あっ、こちらのお客様への気持ちが足りない？　では、こちらで」

そう言って、また頭を下げる。

だんだんと、客席に笑いが起こりはじめます。

「お客様、どこから来たんですか？　北海道！　そんなに遠くから。じゃ、特別に謝っておきます」

そんなことを続けて、会場を笑わせているうち、40分後に電源が回復したのでした。

私はこのエピソードを知って、「笑いの持つ力」を再認識しました。

もし、吉田さんが沈痛な表情で、真面目に謝り続けていたら、会場の雰囲気は冷めきってしまったでしょう。ピンチのとき、「笑い」や「ユーモア」が、とんでもないパワーを発揮してくれることがあるのです。

脚本家の三谷幸喜（みたにこうき）さんも、次のような意味のことをおっしゃっています。

「悲しいときに、悲劇を見て元気が出ますか？　悲しいときに見て元気になれるのは喜劇です。僕は喜劇の力を信じています」

ピンチのときこそ、「笑いの力」を信じる。忘れないようにしたいものです。

ただし、謝罪のときは1つだけ注意。

吉田さんは、その著書のなかで、件（くだん）の出来事について、「このときは、楽しもうという気持ちで来ているお客さんだったので、『楽しむ』という気持ちを満足させられる謝り方をした」とおっしゃっています。

相手の気持ちによっては、笑いを交（まじ）えずに誠心誠意、謝るし、謝罪よりも話を聞いてほしいと思っている相手なら、謝罪よりも話を真剣に聞くと……。

相手に合わせる姿勢を忘れてはいけません。

（参考『「おもしろい人」の会話の公式』吉田照幸著　ＳＢクリエイティブ）

08 暴動で、唯一襲撃されなかったお店

1992年、アメリカのロサンゼルスで、大規模な暴動が起こりました。

きっかけになったのは、1年前のある事件。

スピード違反を犯した黒人男性ロドニー・キングが、別の事件で保釈中の身だったことから逃亡を図り、それを捕まえた白人の警官たちに激しい暴行を加えられて重傷を負ったのです。

警官たちの暴行の様子は、たまたま近所の住人が撮影し、その映像は全米のニュースでも取り上げられました。

当時のアメリカでは、「黒人の死亡原因の4位は警官による暴行」とまで言われ、警官による差別的暴行は1つの社会問題だったこともあり、その警官たちを裁く裁判は注目を浴びました。

ところが。

1年に及ぶ審議の末、警官たちは無罪放免になったのです。

この裁判結果が、大暴動の引き金になりました。

暴動では、建物は放火され、商店は襲撃を受けて根こそぎ商品が奪われました。

とくにサウスセントラルと呼ばれる地区では、約13平方キロメートルの範囲の建物が瓦礫（がれき）と化し、廃墟のようになったのです。

しかし、そのなかにあって、なぜかいっさい襲撃を受けなかった建物がありました。

それは、**マクドナルドハンバーガーの5軒の店舗**。

ほかの建物が根こそぎ破壊され、放火されるなか、この5店舗の建物だけは落書き1つされずに無傷のままだったのです。

いったいどうして？

暴動から数か月後。この不可解な出来事に興味を持ったスタンフォード大学の社会学者たちが現地でヒアリング調査を実施し、その答えが明らかになりました。

「なぜ、マクドナルドの店舗を襲わなかったのか?」

そう聞かれた人たちの多くは、こんな回答をしたのです。

「彼ら(マクドナルドの店舗)は、俺たちの仲間だからね。なぜかって? バスケットボールをくれるからさ」

実は、その頃、マクドナルドでは低所得者層の地区において、若者やバスケットボール場に**ボールの無償提供を行っていたのです。**

さらに、**毎朝、数百杯のコーヒーを無料で提供**もしていました。

これらの「ちょっとした行為」が、「史上最悪」とまで呼ばれた暴動の被害から店舗を守ったのです。

周りを味方にする、ちょっとしたアクション

周りの人たちを味方にするか、あるいは敵にまわしてしまうか……。

その分かれ目は、「普段のほんのちょっとしたアクション」だったりするのです。

ある経営者の方から伺った話です。

「仕事ができる社員というのは、ほぼ100パーセント、社内にたくさんの味方を持っています。わからないことがあったときに教えてもらえる人や、手がまわらないときに喜んで手伝ってくれる人など、自分の応援団をたくさん持っているのです」

なるほど、だから、無理な納期の仕事もなんなくこなしてしまうのですね。

私が納得すると、その方は続けてこうおっしゃいました。

「仕事ができる社員が自分の応援団をつくる方法は、極めて簡単なんです。毎朝、同じ部署の人間だけでなく、他の部署の人や清掃員たちにまで、元気よく挨拶をして気さくに話しかける。出張をすれば、同じ部署の仲間だけでなく、事務の女性など自分の仕事にかかわる人たち全員に必ずお土産(みやげ)を買ってくる。そして、『いつも

助けてくれてありがとう』と言葉を添えて自ら渡してまわる。特別な日ではなく、普段の何でもない日に、そんな小さなことを繰り返しているだけなんです。言ってしまえば、それだけで、周りはみんながその人の味方になってくれる。すごいと思いませんか？」

はい。すごいと思います！

言われてみれば、会社員にかぎらず、一流と呼ばれる人たちは、周りへの気づかいが半端ではありません。

たとえば、映画やドラマで主役を務めたり、舞台で座長を務めたりするような俳優は、共演者やスタッフへの「普段の差し入れ」1つをとってもすごい。

ある時代劇の大物俳優は、1個1万円もする高級な弁当を、自分の主演映画の共演者やスタッフ……それこそ、メイクさんや大道具、小道具さんに至るまで約200名全員に差し入れすることがよくあったと聞いたことがあります。

1個1万円ということは、それだけで200万円！

そんな差し入れをしょっちゅうして、それでいて、まったく恩着せがましいところがないのですから、スタッフたちが、**「あの人のためなら、ひと肌もふた肌も脱ぎます！」**という気持ちになるのも当然かもしれません。

これは仕事だけでなく、夫婦や恋人同士でも同じです。毎日、家事をやってくれるパートナーに、普段から「ありがとう」と声をかける。記念日でも何でもない日に食事に行ったり、贈り物をしたりする……。コミュニケーション、とくに男女交際に関する某専門家が、こんなことを言っているのを聞いたことがあります。

「記念日にプレゼントを渡すなどは誰でもやることとです。上級者は、何でもない普段の日に、サプライズの贈り物をします。それが、相手への本当のリスペクトです」

自分の応援団をつくる、普段のちょっとした**「プラスのアクション」**。少し意識すると、何もかもが変わります。

09 「誰にでもできる仕事」を「自分にしかできない仕事」に変える方法

「ちぇっ、こんな仕事、誰にでも、できるじゃん」
自分に自信があって、意識が高い人ほど、会社で「雑用」をやるように言われたとき、こんなふうに思ってしまうのではないでしょうか？
これは、テレビプロデューサーで演出家、そして、会社員時代から（現在は退職してフリー）ラジオパーソナリティもやっていた佐久間宣行さんが、最初の勤務先、テレビ東京に入社して1年目、まだ下っ端のAD（アシスタント・ディレクター）だった頃の話。
当時の佐久間さんは、新人ADの仕事は、**「つまらないうえに激務」**で、**「誰にで**

も できる仕事」ばかりだと思っていたそうです。

そんなある日のこと、ドラマの監督からこんな指示が……。

「明日の撮影で小道具として使うから、サッカー部の女子マネージャーの手づくり弁当を用意してこい」

聞けば、その弁当は実際の撮影では画面に映るか映らないか程度の扱いで、ストーリーにはまったく関係のない小道具とのこと。例によってテンションの上がらない「誰にでもできる仕事」です。正直、監督の命令口調にもイラッとしました。

とは言え、監督の指示は絶対ですから、それらしい弁当を用意しなくてはなりません。佐久間さんは学生時代にアルバイトをしていた居酒屋に頼み込んで厨房を借り、その日の仕事が終わった夜中から弁当をつくりはじめます。

いくつかつくってみましたが、どうもウソっぽい。

「なんか違うんだよな……」と途方に暮れてしまいました。

と、突然、1つのアイデアがひらめきます。

「そうだ、サッカー部のマネージャーなんだから、おにぎりをサッカーボールに見立ててみたらどうだろう？」

さっそく海苔を六角形に切り抜いて、丸いおにぎりに貼りつけてみます。

うん、イイ感じかも。

ここまでやると、おかずのほうも女子高生らしくしたくなり、ウインナーはタコさんに、玉子焼きもキレイなものに……と、こだわりが出てきます。

そんなことをやっているうちに、気がつけば朝の5時。3時間後には、ロケがはじまる時間になってしまいました。

画面に映るか映らないかわからないような小道具の弁当なんて、そのへんのコンビニで買った弁当に入っているおかずを詰めかえれば、あっという間にできあがるのに、いったい自分は何をやっているのか……。

佐久間さんは完成した弁当を持ってロケ場所に直行し、監督に弁当を見せました。

すると、弁当を見た監督が、耳を疑うようなことを言ったのです。

「ちょっと台本を変えよう。この弁当をストーリーのメインにしたい」

この言葉を聞いた瞬間、佐久間さんのなかで何かがはじけました。

そうか、「誰にでもできる」と思っていたつまらない仕事も、考えて工夫すれば、自分だけの「佐久間の仕事」に変わるんだ！　これが仕事の楽しさなんだ！

そう考えるようになったこの日から、あんなに面白くなかった現場が楽しくなったのだそうです。

会社員をしていると、上司から、いわゆる「雑務」を指示されることがあります。

「来客にお茶を出してくれ」
「この会議資料、コピーしといて」
「お客様へのダイレクトメールの住所入力、よろしく」
「この書類の山、全部、シュレッダーを頼むね」

いくらでも、ありますね。

私は会社でまだ新人の頃、飲み会とか社内レクリエーションの幹事をやらされるのが億劫(おっくう)でした。

自分の仕事があるのに、メンバーに参加の有無を確認したり、都合を聞いて日程を決めたり、希望を募ってお店やレクリエーションの内容を決めたり、案内のメールを出したり……。

正直、「幹事は面倒くさい」って思っていました。

でも、あるとき、こう考えてみたのです。

「どうせやるなら、楽しんでやろう！」

この「どうせやるなら」が、魔法の言葉になりました。

そう考え方を変えて、**「参加者にメチャクチャ楽しんでもらおう」**と、ある意味、開き直って取り組んでみたら……。

ウソのように「幹事」が楽しくなったのです。

どんな雑務も、取り組み方次第で楽しくなります。そして、工夫次第で、自分にしかできない仕事に変えることもできるのです。

（参考『佐久間宣行のずるい仕事術』佐久間宣行著　ダイヤモンド社）

10 イジメられていた生徒を救った、先生のひと言

これは、北海道の中学校であった話です。

実家がとても貧乏な生徒が1人いました。

実家はサビだらけのトタン板で囲われた木造2階建て。窓枠がゆがんでいて、すき間風が入るので、ビニールを打ちつけて窓をふさいでいる……と、そんな家です。

子どもたちは、異分子に対して残酷です。そんな家から通い、体格にもめぐまれなかった彼は、小学生の頃から、ずっとイジメにあっていました。

中学生になっても身長は140センチくらい。身体の大きいイジメっ子にはかなうはずもなく、使いっ走りをさせられる日々。

我慢して、相手の言うことを聞いていましたが、それでも、持ち物を隠され、靴を捨てられ……と、イジメは、だんだんとエスカレートしていきました。

女手ひとつで苦労して育ててくれている母親を心配させたくなくて、相談もできません。

ある日、腹痛で病院に行くと、胃潰瘍ができているとの診断。

学校に行きたくないというストレスは、もう、限界になっていたのです。

そんな、彼の異変に、担任の先生が気づきました。

サッカー部の顧問をやっている佐々木先生です。

年齢はまだ20代。生徒との距離が近くて、冗談を言っては生徒と笑っている、そんな先生です。

普段は優しい佐々木先生が、ある日のホームルームで、厳しい表情でこう言いました。

「最近、誰かが、誰かをからかっている。特定の人に、ひどいことをしている。誰がやっているか、思い当たる人は手をあげなさい！」

シーンとなる教室。誰も手をあげません。

すると先生は、突然、イジメっ子の名前を叫んだのです。

「〇〇（いじめっ子の名）！　おまえのことを言っているんだ！」

この日以来、彼へのイジメはピタリとなくなりました。

たった1人の若い先生の勇気ある叱責（しっせき）が、イジメられていた生徒を救ったのです。

このイジメられていた生徒の名は、内藤大助といいます。

そうです、のちにボクシングのWBC世界フライ級チャンピオンになる内藤大助さん、その人です。

ホームルームで、普段は優しい佐々木先生が、イジッ子を名指しして叫んだとき、内藤さんは、こう思いました。

「すごいな。こんな大人もいるんだ」

そして、内藤さんは、**「本当の強さ」**にあこがれました。

「自分も強くなりたい」

そう考えて、ボクシングをはじめたのです。

相手に仕返しをするためではありません。**自分の身を守るための「強さ」を身につけるため**にです。事実、ボクシングを習得して強くなると、「やり返そう」などという気持ちには、まったくなりませんでした。

本当に強い人は、周りに優しい。

私は、荒っぽいお客が多い酒場の用心棒（バウンサー）を仕事にしていたという方とお会いしたことがあります。空手の達人というその方の物腰の柔らかいことといったら……。

内藤さんは、世界チャンピオンになって地元に帰ったとき、この佐々木先生に会い「先生のひと言で（僕は）救われたんです」と伝えました。

その言葉を聞いた佐々木先生は、昔と変わらない優しい笑顔で、小さくうなずいてくれたそうです。

「気持ちがキリッと
リセットする話」

アイスコーヒー
とともに読みたい

11「やるのがたいへん」「面倒くさい」というときに効く、「チャンクダウン」という発想

たとえば、「これまで経験がないこと」や「ちょっと大きなチャレンジ」をするようなとき。

「なんだかたいへんそうだな」とか、「えっ？　いったい何から手をつけたらいいの？」って思うこと、ありませんか？

そういう気持ちが少しでもあると、はじめること自体が面倒になって、つい先延ばしにしてしまうものです。

自分のことならそれでもよいのですが、これが会社の仕事だと先延ばしするわけにはいきません。なにしろ仕事ですから、どうしても納期内にやり終える必要があります。

そんな、「ちょっと面倒くさいな」と思ってしまうときに有効な、「チャンクダウ

ン」という考え方についてお伝えしましょう。

この「チャンクダウン」の「チャンク（chunk）」とは、「大きな塊（かたまり）」を意味する英単語。ですから、**「チャンクダウン」とは、「大きな塊を細かくする」**というような意味になります。

ここでいう「塊」とは、「やるべき仕事」のこと。

つまり**「チャンクダウン」とは、「仕事の細分化」をあらわす言葉なのです。**

考えてみてください。**どんなに面倒で複雑な仕事でも、段取りやステップに分けて細かくしてしまえば、1つひとつは小さな仕事になります。**

フランスの哲学者・数学者のデカルトの言葉です。

「難問は分割せよ」

また、アメリカでかつて自動車王と呼ばれた事業家、ヘンリー・フォードもこう言っています。

「小さな仕事に分けてしまえば、何事もとくに難しいことはない」

どうやらその昔から、やっかいな仕事を片づけたいとき、この「チャンクダウン」は、常套手段だったようです。

「最初にやるべきこと」が簡単に見つかる

チャンクダウンの手順は簡単です。

○「面倒な仕事」をやり遂げるために必要な「やるべきこと」をすべて書き出す

○書き出した「やるべきこと」をながめて、優先順位を考えて、手をつける順番を決める

○「最初にやる」と決めたことから着手して、順番に片づけていく

チャンクダウンすることのメリットは、1つひとつの「やるべきこと」が小さくなっているため、手をつけやすくなること。最初にすべての「やるべきこと」を書き出すことで、抜け漏れを防ぐこともできます。

そして、もう1つの大きなメリットは、**最初に手をつけるべきことが何かがわかりやすくなること**です。

たとえば、「たくさんのお客様を招くパーティーイベント」の責任者を任されてしまったときの「やるべき」ことを、（おおまかにですが）チャンクダウンしてみましょう。

まず、頭に浮かぶ、「やるべきこと」を思いつくままに書き出します。

○会場を確保する
○絶対に外せないＶＩＰの招待客をリストアップする
○日程を決める

○招待状を用意する
○社内の役員が参加できる日程を確認する
○VIPの招待客が参加していただける日を確認する
○当日のプログラムを作成する

次に、手をつける順番を考えます。

一見、「会場を確保する」が最初にやるべきことのように思えますが、まず、開催日を決めないと会場を探せません。そして開催日を決めるためには、自分の会社の役員と、VIPの招待客が参加できる日を把握する必要があります。

そういうことを考えて、以下のように優先順位を決めます。

1　社内の役員が参加できる日程を確認する
2　絶対に外せないVIPの招待客をリストアップする
3　VIPの招待客が参加していただける日を確認する
4　1と3から日程を決める

5　会場を確保する
6　当日のプログラムを作成する
7　招待状を用意する

まず、絶対に外せない社内の役員たちの日程を秘書に確認して、全員が参加できる開催日の候補を決め、次にVIPの招待客の秘書に連絡して、参加が可能な日程を確認します。

社内外の「外せない人たち」が参加できる日が特定できたら、その「○月○日」をその全員に告知して、あとから別の予定を入れられてしまわないようにおさえてしまいます。

このように、**チャンクダウンすることで、この「開催日、○月○日」を決めることが、1秒でも早く片づけなくてはならない仕事だということがわかるのです。**

この順番を間違うと、会場を確保してから、役員から「バカもん！　その日は海外出張だ！」と怒られたり、絶対に外せないVIPの招待客に予定が入っていて、日程を変更しなくてはならなくなったりしてしまいます。

印刷に時間がかかる招待状は早く手配したくなるところですが、実は、VIPの招待客の日程をおさえないと作成できませんし、プログラムの中身が変わるかもしれませんので、最後でよいとわかるわけです。

このように、**チャンクダウンすることは、「手順間違い」によるトラブル発生や、やり直しを回避することにもつながります。**

やっかいな「大きな塊」のような仕事に立ち向かうときは、ぜひ、チャンクダウンしてから一歩を踏み出してください。

12 ルールを守ってもらいたいときに使える「逆転発想」のアイデア！

「ここでは○○をしないでください！」とか。

「ここでは○○してください」など。

禁止したり、お願いしたりすること、ありますよね。

そんなとき、単にお願いするだけで、皆が言うことをきいてくれるのであれば問題はありません。

でも、世の中はそんなに甘くありません。簡単にはうまくいかないのが世の常。必ずといっていいほど、お願いを守ってくれない人がいるものです。

そんなとき、ヘタに強くお願いすると、相手は余計に意地になってしまったり、逆ギレされたりすることもあるかもしれません。

いったい、どうすればよいのでしょう?

スウェーデンの首都、ストックホルムでの話です。道路に速度測定カメラを設置し、厳しくスピード違反をするドライバーが多く、道路に速度測定カメラを設置し、厳しく取り締まりましたが、なかなか違反者が減りませんでした。

そこで、発想を切り替えて、あることを実施してみました。すると、効果テキメン! 違反者の数を減らすことに成功したのです。

さて、ここで問題。

【問題】厳しく取り締まりをしても減らなかったスピード違反者を減らすことに成功したのは、いったいどんな方法だったでしょう?

ちょっと考えてみてください。

では、シンキングタイム!

…………。
…………。

ヒントは、違反者に罰を与えるのではなく、制限速度を守ってくれた人たちが得をするようにしました。
どんな「得」を用意したかが答えです。

違反者を取り締まるよりも有効な方法

いかがですか、グッドアイデアが浮かびましたか？
それでは、そろそろ答えです。
ストックホルムでスピード違反者を減らすことに成功した方法。
それは……。

答え　制限速度を守ってくれる優良ドライバーに専用の宝くじを配布した。

なんと、スピード違反をしないだけで、宝くじがもらえるのです。
これはどう考えてもお得ですよね。

この「専用宝くじの配布」を導入したことによって、車の平均速度は、22パーセントも低下したそうです。多くのドライバーが宝くじ目当てに、安全運転に切り替えたというわけです。

えっ？「そんなことをしたら、宝くじの賞金などの財源が必要になってしまうのではないか？」ですって？

ご心配なく。**この宝くじの賞金は、スピード違反をした人たちの罰金でまかなったのだそうです！**

つまり、違反をした人たちのお金（罰金）を、違反しないドライバーたちへのお小遣い（宝くじの賞金）に回したというわけ。いや～、頭イイです。

ちなみにこの宝くじ。当選すれば、最高賞金は日本円で20万円を超える金額というのですから、なかなかオイシイ。これなら、「制限速度を守ろうか」という気になりますよね。

この「交通違反をした人を罰するより、守っている人に得してもらう」という発想のプロジェクト。実は日本にも存在します。

それは、放送作家で脚本家でもある小山薫堂（こやまくんどう）さんが発起人となり生まれた、『JAPAN SMART DRIVER』（『TOKYO SMART DRIVER』より、2017年に名称を変更）プロジェクトです。

これは、首都高速道路の事故減少を目的とする啓蒙キャンペーンで、ごく簡単に言えば、「優しい運転をしてくれているドライバーを褒めよう！」というもの。

違反を取り締まるのではなく、素晴らしい運転をするドライバーを褒めるためのパトカー「ホメパト」を走らせたり、「安全に走ることこそカッコイイ」と共感してくれるドライバーに、『JAPAN SMART DRIVER』のロゴマークである「ピンクのチェッカーフラッグ」を車に貼ってもらったり……などが具体的な活動内容。

ちなみに、デザイナーの水野学氏の手による『JAPAN SMART DRIVER』のシンボルパターンである「ピンクのチェッカーフラッグ」には、「**ドライバーは、無事に家へ帰ることがゴール」という願いが込められている**とのこと。

何かのルールを守ってもらいたいとき。違反した人を罰するのではなく、違反していない人にメリットを与える。この発想、効果絶大です！

13 お金を稼げる人の「意外な条件」？

「貧乏ひまなし」ということわざがあります。

「貧乏な人は生活に追われているから時間のゆとりがない」と、そんな意味。

よく、毎日のように会社で残業し、忙しそうにしている人が、「いや〜、貧乏暇なしですよ」なんて、自嘲(じちょう)気味に使ったりする言葉です。

でも、それって実は、**「貧乏だからヒマがないのではなく、ヒマがないから貧乏なのだ」**と言ったら、あなたは信じられますが？

これは、**「お金を稼げる人の条件は、『忙しい人』ではなく、『ヒマな人』である」**という話です。

藤田田さん（1926年〜2004年）。生前は、日本でも指折りの資産家……つまり、お金持ちでした。

その藤田さんの著書にあるエピソード。

藤田さんが日本マクドナルド社の社長になって4店舗を開業し、5店舗目の準備に大忙しだったときのこと。

藤田さんのもとを訪れていたあるユダヤ人実業家がこう言ったのです。

「ミスター・フジタ、今、ヒマでしょ」

藤田さんはカチンときて答えます。

「冗談じゃないよ。ヒマなんかない」

「いや、ミスター・フジタ。あなたはたしかにヒマなはずだよ」

「ヒマじゃないっ」

イラッとする藤田さん。しかし、相手のユダヤ人は、平然とこう言ったのです。

「へーえ、ヒマじゃないくせに、よくもハンバーガーの店を4店舗もキープして、さらに次の店を出す準備ができるものですね。あなたがそれだけやれるってことは、結局ヒマだからだと思うがね」

その言葉を聞いて、言われてみればたしかにそうだと、藤田さんはグウの音も出なくなってしまいました。

その様子を見て、ユダヤ人はニヤリとすると、こう続けたのだそうです。

「ミスター・フジタ。ヒマのない人間はお金儲けなんかできません。商人は金をつくろうと思ったら、まずヒマをつくらなくてはダメです」

「大忙しの起業家」のスケジュール帳を見たら……

このユダヤ人実業家の言葉、あなたはどう感じますか？

ただの詭弁だと思いますか？

実は私も、この話を知ったときには、「これ、ちょっと、こじつけっぽいなぁ」

と感じました。

でも、あるとき、納得したのです。

それは、私がある起業家の方とお会いしたときのこと。

その方は会社を複数経営されていて、オンラインサロンも運営、さらにビジネス書を何十冊も執筆されているという方で、日々のスケジュールは、まさに分刻み。

そんな、「どこからどう見ても多忙」な社長さんとお会いした際に、話の流れでスケジュール帳を見せていただきました。

その方は手帳に予定を手書きする主義で、スケジュールは日々、ほとんど真っ黒というくらいに予定がギッシリ。

ところが、不思議なことに、1週間のなかに2時間とか3時間とか、ポッカリと予定が何も入っていない空白の部分があったのです。

その部分について私が「ここは予定が入っていないということですか？」と質問すると、こんな答えが！

「あっ、そこは、いつ飛び込みで新しい仕事の依頼があってもいいように、わざと

『ヒマな時間』としてキープしているんです」

この社長さんが、藤田田さんの著書を読んでいたかどうかはわかりません。

しかし、まさに先のユダヤ人の言葉「ヒマのない人間はお金儲けなんかできません。商人は金をつくろうと思ったら、まずヒマをつくらなくてはダメです」とビンゴな行動をしていたのです！

私は、この社長さんの言葉を聞いて、「なるほど、あの本に出ていたのはこういうことであったか」と納得したのでした。

そうです。

まったくヒマ……別の言葉で言えば「**時間の余裕**」が**ない人は、チャンスが目の前にきても、それをつかむ時間がなくて、みすみす逃**(のが)**してしまうのです。**

ここでいうチャンスとは、別に儲け話にかぎりません。

日々、仕事に追われている人は、もしかしたら**人生を変えるような相手と会うチャンス**がめぐってきても、時間が取れずに断ってしまうでしょう。

成功のきっかけとなるセミナーへの参加も、時間がなくて見送ってしまうのです。

あなたはどうですか？

「忙しい！　時間がない！」が口癖になっていたら要注意。
チャンスを逃がさないように、あえて「ヒマ」な時間を確保しておくことをお勧めします。

スケジュールが分刻みの方でも、強い意思があれば「時間の確保」は可能なのですから、やろうと思えばできるはずです。

（参考『ユダヤの商法』藤田田著　ベストセラーズ）

14 仕事で燃え尽きないための「うまい効率化術」

小学生の頃、私はこんなことを考えることがありました。

「学校の先生って、夏休みや冬休みがあっていいな」

単純に、「生徒と同じだけの長期休みがあってイイ仕事だ」と思っていたわけです。

でも、大人になってから、実際に学校の先生と知り合いになると、それは大いなる勘違いだと知りました。

学校の先生は、超ハードな仕事だったのです。

考えてみれば、いくら教科書があるとはいえ、黒板の前に立って月曜日から土曜日まで毎日のように、生徒に授業を行わなくてはなりません。ホームルームの準備だって必要です。それに加えて、テストの作成や採点、学校行事の運営、生徒の生活指導、クラブ活動の顧問、各種の面談など……実にさまざまな仕事があります。

最近はさらに、新型コロナ対策の一環で、教室や教材の消毒作業、オンライン授業の準備などの仕事も増えたと聞きます。

これって、生徒たちを相手に毎日セミナー（講演会？）を開きながら、まったく違う仕事を複数同時にこなしているようなもの。

楽な仕事どころか、真面目に取り組む先生ほど、仕事に追われて精神的にまいってしまい、燃え尽き症候群などに陥(おちい)って、メンタルをやられてしまうのだといいます。

そんな「先生」が、仕事で燃え尽きてしまわないための「うまい仕事の効率化術」について、知人である学校の先生から聞きました。

ちょっとした工夫でできる仕事の「効率化」

会社に勤めていると、「どうしてこんなことまでやらされるの?」という、いわゆる「雑務」がたくさんあります。その先生によると、それは、学校の先生も同じで、**ただでさえ多忙なのに、雑務が心の負担になることがあるのだそうです。**

たとえば、「コピー機や印刷機などの紙がなくなったときに補充する係」に任命されたときのこと。

自分の仕事が忙しいときにかぎって、ほかの先生がこんなことを言ってくる。

「だいぶ前に紙がなくなっていましたよ」

「早く補充してください」

これが、最初の頃は大きなストレスになったそうです。

そこで、その先生は、補充用紙の最後の箱の上に、こんなメッセージを置くようにしました。

「【〇〇用紙補充依頼シート】このシートを〇〇（自分の名前）の机の上に置いてください」

補充用紙が最後のひと箱になったら、**自動的に情報が届くように、細工をした**というわけですね。

これが1つ目の効率化術、「自動化」です。

ほかにも、アンケートや調査用紙を回収しなければならない役割になったときは、提出物を入れるトレイの横に名簿を置いておき、提出した人は自分で名前にチェックをつけてもらうようにしたそうです。

こうすれば、誰がまだ提出していないかが、自動的にすぐにわかります。

効率化術の2つ目は、「**あえて、仕事を人よりもあとにやる**」というワザです。

普通に考えると、仕事は前倒しで進めるほど、納期に追われることがなくなりストレスにならないように思えます。もちろんそれが基本なのですが、その先生は

「仕事によっては、あとからやることにも利点がある」とおっしゃっています。

例を挙げると、たとえば学級通信を書くという仕事。

その先生はゼロから書くのではなく、**例年の同時期の学級通信をコピーしたフォーマットを活かして、それを最新の内容に書き変えるそうです。**

こうすることで書く時間が短縮され、内容を充実させることのほうに時間を割くことができます。

また、テストの採点では、**ほかの先生がはじめてから少し経ったあとに、作業を開始すると言います。理由は、「ほかの先生の採点を見れば〝模範解答のミスや誤答のバリエーション〟がわかるので、効率的に採点ができる」**から。

これらは、「すでにやっている人の仕事」を活かすという効率化術ですね。

最後、効率化のための3つ目のワザ。

その先生は個人面談を行う際、**事前に生徒たちに面談シートを記入してもらう**そうです。そして当日の面談では、自分の思い込みから質問をしないように、**こちら**

から話題を振るのではなく、生徒に先に話してもらうようにしているのだとか。

こうすることで、準備も当日の進行も、無駄な時間を省くことができるのです。


いかがでしょうか。

「自分でチェックしなくても、自動的に情報が入ってくるようにする」

「先にやっている人の仕事を参考にして効率化を図る」

「思い込みで先走らず、相手の考えを先に把握する」


どれも仕事に活かせる「効率化の方法」ではないでしょうか。

ぜひ、ご自身の仕事に応用していただければ幸いです。

15 仕事をドタキャンされたとき、最初に考えるべきこと

「この前、お約束していた例の仕事の件なんですが、申し訳ありませんが方向性が変わってしまって、なかったことにしていただけませんか？」

あなたは、仕事の取引先から、突然、こんな連絡をもらったら、なんと返事をしますか？

これは、そんな理不尽なドタキャンをされたとき、「最初に考えるべきことは何か？」という話。

たとえば、発注の担当者と商談していて、こちらからの提案を相手が気に入って、「ぜひ、お願いします」などという言葉をいただいたとき。

たとえ口約束であっても契約は契約です。ですから、いくら、発注担当者が上司から「その提案はボツ」と言われてしまったとしても、本来なら、ドタキャンはりっぱな契約違反になります。

ですから、あなたが、「いや、口約束であっても、法律的には契約が成立していますから、今さらボツと言われても納得できません」と言ってゴネれば、なんとかなるかもしれません。ボツになるにしても、何かしらの見返りをいただけることもあるでしょう。

でも、ここで文句を言うのは「ちょっと待った！」なのです。

なぜなら、ここでゴネてしまったら最後、運よく、口約束が契約だと認められ仕事を受けることができたとしても、相手とのつながりはそれで終わりです。「次の仕事」を依頼されることは（たぶん）永遠にないでしょう。ドタキャンに対してゴネるのなら、「この取引先との仕事はこれで最後」という覚悟が必要なのです。

かと言って、怒りにこぶしを握りながら、無理して笑顔をつくって、「わかりました。残念です」と言って引き下がるのでは、ただの泣き寝入りです。

ここは1つ、相手に対して、**いっさい恩着せがましさを感じさせないように、恩を着せたい！**

そのためには、どうすればいいのでしょうか？

テッパンのひと言は、「今回は○○○○が合いませんでしたね」

まず、考えるべきは、心ならずも提案をドタキャンしなくてはならなくなった相手の気持ちです。相手の立場になればわかるでしょう。多少なりとも、あなたに対して「すまないな」という気持ちがあるはず。

その気持ちを察してあげると、明るい未来が待っているのです。

前回の商談では乗り気だった担当者が、上司などから反対されてドタキャンをしてきたとき、たとえば、こんなふうに返事をしたらどうでしょう。

「そうですか、ご一緒に仕事ができることを楽しみにしていたのに、それはとても残念です。今回はタイミングが合いませんでしたが、また次の機会によろしくお願

いします」

ドタキャンの理由が、「上司の反対」であろうが、「会社の方針」であろうが、**すべてを「今回はタイミングが悪かった」というひと言で済ませてあげる**のです。

「口約束も契約ですから」とか、「上司にもう1度話してみてください」とか、「会社の方針はわかりますが、そこをなんとか」などは、あえて、ひと言も言わない。

そもそも言ってもどうにもなりませんから、**無駄な抵抗をして印象を悪くするよりも、驚くほどさわやかに受け入れるほうがはるかによい**のです。

あなたが、ドタキャンをあっけらかんと許してあげたら、心ある担当者なら、こう思ってくれるはずです。

「今回は悪いことをしてしまったな……。今度、何か機会があったら、またこの人に仕事を依頼しよう」

つまり、相手からドタキャンをされたとき、あるいは、提案していたことが不採用になったとき、**最初に考えるべきことは、「断ってきた相手が、次の仕事を頼み**

やすい状態をいかにしてつくるか？」ということ。それが次の仕事へのリセットにつながります。

相手に伝えるべきことは次のとおり。

- **今回は一緒に仕事ができなくて非情に残念である……ということ**
- **今回はタイミングが合わなかっただけで、そんなことはよくあることだから気にしないでください……ということ**
- **また次回の機会を楽しみにしている……ということ**

相手がドタキャンをしてきたとき、これができるかどうかで、仕事の相手先が減ってしまうか、次の機会につながるかが決まると言っても過言ではありません。

この考え方はもちろん仕事以外にも使えます。たとえば、デートの約束を、相手がやむを得ない理由でドタキャンしてきたとき。

ウダウダと文句を言うより、「会いたかったのに、今回はタイミングが合わなくて残念。次に会えるのを楽しみにしています」なんて言えたら、相手はとても好感を持ってくれるはずです。

16 相手に最後まで面白く話を聞かせる方法

人に説明や提案をしているとき、相手からこう言われたことはありませんか？

「何を言っているのかわかりにくいんだけど……結局、何をしてほしいの？」

あ〜、あるある……という方は、もしかしたら、**話をするときの順番がよくない**のかもしれません。

話の出だしと中盤と最後の内容がつながっていなかったり、途中で関係のない話が入ってきてしまったり……。要は**話す順番が整理されていない**。

相手は、まるで、バラバラになったジグソーパズルをやらされているような気分で話を聞いていることでしょう。

普段の雑談なら「ちょっと話がわかりにくい人」で済みますが、**会議で話をするときや、お客様に提案をするときなどに話の内容が伝わらないというのは、由々(ゆゆ)し**

き問題です。

では、どんな順番で話せば、相手に内容が伝わりやすいのか？

たとえば、会議で売上アップのための提案をするとしたら、次のような順番で話せば、聞いている相手はスムーズに理解してくれます。

○**事実の報告**（例　ここ半年、売上金額がこのグラフのように落ち続けている）
↓
○**問題の提起**（例　売上を回復させるにはどうしたらよいか？）
↓
○**解決のための提案・結論**（例　営業のレベルアップを図るためにセミナーを受講させたい）
↓
○**説明**（例　そのセミナーを受けた他社の成功事例の紹介）

いかがですか？

ものすごくシンプルな流れで、これなら多少、説明がうまくなくても、提案したいことの「理由」も「内容」も「期待効果」もよくわかると思いませんか？

自分の話を興味深く、面白く聞かせるための法則

次は、自分の話に興味を持ってもらい、最後まで面白く聞いてもらうためのテクニックについて。

これは、「世界ふしぎ発見！」（TBS系）などの番組の構成を手がけられた放送作家の石田章洋（あきひろ）氏が、その著書『スルーされない技術』（かんき出版）で紹介しているもので、その名も「**ナナヘソナスの法則**」！

石田氏は、こう言っています。

「**興味深く伝える、面白く伝えるためには、話の『受け手』から視点で話を展開する必要がある**」

具体的には……。

○最初の「事実の報告」の部分を「**受け手が感心を持つ事実**」に置き換える
○2番目の「問題提起」の部分で、「**疑問を抱かせる**」
○3番目の「解答・結論」の部分で、「**納得させる**」
○最後の「説明」の部分で、「**すっきりさせる**」

この流れを、受け手の気持ちに置き換えて、言葉に変換すると……。

○「受け手が関心を持つ事実」→「**なに⁉**」
○「疑問を抱かせる」→「**なぜ?**」
○「納得させる」→「**へぇ! そう! なるほど!**」
○「すっきりさせる」→「**すっきり!**」

これらの言葉の頭文字、「なに⁉」の「な」、「なぜ?」の「な」、「へぇ! そう! なるほど!」の「へ」と「そ」と「な」、「すっきり!」の「す」、これらをつなげて「**ナナヘソナスの法則**」というわけです。

たとえば、雑談で何かネタを話すときも、この順番で話せば相手に伝わりやすい。

実際に、「**おひな様に関する雑学**」に当てはめてみましょう。

「なに?」↓ひな壇のいちばん上にいる2人を「おだいり様」と「おひな様」と呼ぶのは間違いです。

「なぜ?」↓この間違いは、童謡の『うれしいひなまつり』に、おだいり様とおひな様が「二人ならんで」とあるために広がってしまいました。

「へぇ、そう!」↓本来、「だいり」とは、「天皇皇后両陛下のお住まいになる御所」のことを指し、「おだいり様」はそこに住んでいる方のこと。つまり、ひな壇のいちばん上にいる2人は、両方とも「おだいり様」となる。

「なるほど」→**いっぽう、「おひな様」は「ひな人形」のことなので、ひな壇にいる全員が「おひな様」。もし、上にいる2人のことを呼びたければ、「男雛（おびな）」「女雛（めびな）」と呼ぶのが正しい呼び方。**

「すっきり！」→**『うれしいひなまつり』を作詞したサトウハチローさんは、すでに日本中に知られた曲になってしまったあとで間違いに気づき、ずっと、この曲を聴くのを嫌がっていたそうです。**

いかがですか？「ナナヘソナスの法則」にそって話すと、すっきりと頭に入ってくると思いませんか？

「ナナヘソナスの法則」が覚えにくい人は、「**なに!? なぜ？ へぇ、そう！ なるほど、すっきり！**」と、言葉で覚えておいてもよいと思います。

17 午後のパフォーマンスを高める「コーヒーナップ」

お昼を食べて、午後の仕事。

つい、まぶたが重くなること、ありませんか？

仮眠室が用意されている会社ならよいのです。でも、そんな気が利いたものはないというオフィスでは、デスクで居眠りするわけにもいかず、仕事をしながらうつらうつら……。取引先への見積書を違う会社へ送信してしまったり、8万円の請求なのに8億円と入力するなど、豪快なミスをしてしまったりして……。

それはまあ、いくらなんでもないとしても、午後の眠気は、生産性を落とすだけでなく、とんでもないミスにもつながりかねません。

そこで、お勧めしたいのが、**午後の眠気を防ぎ、仕事や作業の生産性を上げる「コーヒーナップ」という習慣**です。

「ナップ（nap）」とは、「昼寝」とか「うたたね」という意味。これにコーヒーを合わせたのが「コーヒーナップ」。つまり、**「コーヒーを飲んでする昼寝」**という意味です。

「えっ？　コーヒーを飲んだらカフェインで眠れなくなるよね？」

あなた、今、そう思いましたね。

そうそう、私も子どもの頃、「夜にコーヒーを飲むと眠れなくなるからやめなさい」なんて言われて育ちました。

コーヒーに含まれるカフェインに、覚醒作用があるのは間違いありません。

でも、その効果があらわれるのは、飲んでから30分くらい経ってからの話。

飲んですぐは、**香りによるリラックス効果や、糖質の摂取（砂糖を入れる場合）によって、逆に眠気を誘ってくれます。**

飲んですぐは眠気を誘い、15〜20分くらいの昼寝のあとには覚醒作用がある！

実は、コーヒーは「短い昼寝」にもってこいの飲み物なのです。

ちなみに、この「カフェイン入りコーヒーを飲んでからの昼寝」が午後の作業効率を上げることは、学術的にも証明されています。

広島大学大学院の林光緒教授が、大学生を対象に、次の条件で、それぞれの「午後の眠気対策とパフォーマンス」を測定しました。

「昼寝なし」
「昼寝あり」
「昼寝プラス昼寝後の洗顔」
「昼寝プラス昼寝後に強い光を浴びる」
「昼寝プラスカフェイン（コーヒー）摂取」

その結果、**「コーヒーを飲んでから昼寝をした」学生の「起きたあとの眠気」がもっとも低く、パフォーマンスが高い**ことがわかったのです。

ベストな昼寝は、「ぐっすりと短い時間眠ること」。どうやらコーヒーは、それを助けてくれる作用があるようなのです。

コーヒーナップを効果的に行うためのポイントは以下のとおり。

○コーヒーを飲むタイミングは、昼寝の直前
○カフェイン摂取量の目安は200ミリグラム（コーヒー1杯半程度）
○明かりを落とし、静かな環境で楽な姿勢をとってリラックスする（目隠しや耳栓（みみせん）をしてもよい）
○眠る時間は15分〜20分程度（20分を超えると、眠りが深くなるので逆効果）。好きな音楽を目覚ましがわりに使うなどして、気持ちよく起きる

ちなみに私も、昼食後、パソコンに向かって原稿の執筆をはじめると無性に眠くなる日があり、そんなときは、無理しないでひと眠りすることにしています。

総じて、眠気に堪（た）えてダラダラと執筆を続けるよりも、ほんの15分でも眠って、起きてからのほうが、10倍くらいは効率がアップするように思います。

「午後は眠くて仕事にならなーい」という方。

このコーヒーナップ、ぜひ試してみてください。

18 「明日から来られますか?」と聞かれたときに

ステップアップのために、今、務めている会社を辞め、再就職をしようというとき。新たに訪問した会社の面接で、「明日から来られますか?」と聞かれたら、あなたは何と回答しますか?

これは、数々の自己啓発本やビジネス書の著者であり、講演活動家でもある中谷(なかたに)彰宏(あきひろ)さんが主宰する「中谷塾」の塾生さんの実話です。

その塾生さん、それまで郵便局に勤めていましたが、40歳を機に一念発起。ステップアップのために転職を決意しました。

そして、誰もが知る高級腕時計メーカーの中途採用面接にチャレンジしたのです。

面接官は、スイス人の会社代表。

面接はスムーズに進み、その最後に、代表からこんな質問が。

「明日から来られますか？」

こう聞かれたとき、回答の候補はいくつかあります。

1つ目は、いくらなんでも明日からは……と考えて、「あさって（以降）からなら」という回答。もし、今の仕事を辞めていなければ、「今の仕事を引き継いで、退職したらすぐにお世話になります」という回答になるでしょう。

2つ目は、相手の言葉を受け入れて、「はい。明日からお世話になります」という回答です。

しかし、この塾生さんの回答は、このどちらでもありませんでした。

中谷塾長から、「ステップアップを目指して転職するなら、次の仕事が決まる前に郵便局を辞めてもいいんじゃない？」とアドバイスされていた彼は、すでにフリーになっていましたから、1つ目の回答はありません。

普通なら、「はい、明日からお願いします」と答えるところですが、この塾生さんは、さらに一歩進めて、こう回答したそうです。

「今日からでも大丈夫です！」

そう。質問者のさらに上をいく3つ目の回答をしたのです。

最後の質問への回答がよかったからかどうかは定かではありませんが、塾生さんは、この高級腕時計メーカーに採用になったそうです。

本来の採用条件は35歳までだったのに、40歳で特別に面接を受けさせてもらっただけでなく、見事に採用を勝ち取ったのです、

就職後は銀座で働くことになり、一流の人たちと人脈をつくることにもつながったのでした。

一流の人からの「急な依頼」

チャンスをつかむ人は、「いついつからできますか？」と聞かれたときに、即答でオーケーします。なんなら、この塾生さんのように、相手が指定してきた日よりも「前倒し」でオーケーします。

私も以前に、あるコンサル会社の社長さんから、自宅に突然、こんな電話がかかってきたことがありました。

「ご無沙汰してます、○○です。実は、また出版の話があって、一緒にお仕事をしたいのですが、いかがですか？」

実は、以前にその社長さんが本を出すときに、編集のお手伝いをさせていただいたことがあったのです。そのときに、社長さんの知見の深さと、何よりも周りを惹きつける人間的な魅力に感服していた私は、反射的にこう回答していました。

「ありがとうございます。ぜひ、よろしくお願いします！」

そのとき、別の本を執筆中でしたから、本当なら、仕事のスタート時期とか最終納期について聞いてから「仕事を受けられるかどうか」の検討をしたいところです。でも、その社長さんが、また私に声をかけてくれたことが嬉しくて、あと先を考えずに即答してしまったのです。

おかげで、また仕事をご一緒できることになりましたが、後日、この日の電話について社長さんがこうおっしゃっていました。

「あの日、出版について編集者と打ち合わせをしていて、たぶん、西沢さんは別の本を書いていて忙しいだろうなと思いつつ、編集者の目の前で電話をしました。そうしたら、突然の依頼にもかかわらず、何も聞かずにオーケーしてくれて、ちょっと感動したんです。これはもう、またコラボするしかないなと思いました」

一流の相手からの「急な依頼」は、ときに「覚悟の度合いを計る試金石」なのです。

私がもし、社長さんからの電話で、「ちょっと今、別の本にかかっていて手が離せない状態なのですが、いつくらいから着手できればよいでしょうか？」なんて言っていたら……。すぐにでも仕事にかかりたいと考えていた社長さんから、「そうですか、それじゃ、この話は別の方と進めますね」って言われてしまった可能性もあったのです。

件の中谷塾の塾生さんも、「明日から来られますか？」という質問に、「いろいろ用意があるので、来週からでしたら……」なんて答えていたら、「覚悟」というか「本気度」を疑われて不採用だったかもしれません。

アメリカの経済誌『フォーブス』が発表した2022年版の世界長者番付で1位になっている起業家、イーロン・マスク氏は、事業の1つとして取り組んでいる「人類の火星移住計画」について、インタビュアーから「火星移住はいつまでに実現できますか？」と、少し意地悪な質問をされたとき、こう回答しています。

「10月までに」

たぶん「10年以内には」くらいの回答を予想していたインタビュアーは面食らったでしょうね。

本当に10月までに実現するかどうかなんて野暮（やぼ）な話ではありません。

一流の人は、覚悟が違うのです。

（参考『粋な人、野暮な人。』中谷彰宏著　ぱる出版）

19 完璧主義が許される人

『火垂るの墓』や『かぐや姫の物語』などの作品を残した故高畑勲監督。

何を描くにしても、徹底的に調べて、自分で納得しないと気が済まない人だったそうです。

たとえば、『火垂るの墓』の神戸大空襲の場面。

原作者の野坂昭如さんは、この場面を見て、あまりも正確に描かれていることに驚愕したといいます。

この場面。高畑監督は、アメリカの爆撃機B29がどの方向から神戸の街にやってきたかを調べ、主人公である清太の家（つまり野坂昭如さんの生家）の玄関と庭の方角も考慮して、清太が空を見上げる顔の向きを決めたといいます。

また、焼夷弾がどう爆発するかについても、実際に当時の焼夷弾を手に入れて入念に調べ、作画に活かしたとか。

想像を絶するこだわりによって、野坂さんが体験した神戸大空襲は再現されたのです。

そこまでやらないと気が済まない人だったのですね。

そんな高畑さんの仕事を尊敬しつつも、激しいライバル心を持ち続けたのが宮崎(みやざき)駿(はやお)監督です。

スタジオジブリの鈴木敏夫代表取締役プロデューサーの著書に、この高畑さんと宮崎さんの対談が載っていました。

対談は、高畑さんの遺作となった『かぐや姫の物語』の公開直後というタイミングで行われたもの。

開始早々、宮崎さんは高畑さんへパンチを繰り出します。

曰く。

「『かぐや姫』を観たときにね、長く伸びた竹を刈っていたでしょう。筍(たけのこ)というのは、地面から出てくるか出てこないときに掘らなきゃいけないんじゃないかとドキ

ドキしたんですけど」

この宮崎さんのジャブに対する高畑さんの返しの言葉がすごかった。

「**真竹だからあれでいいんですよ。孟宗竹だったら宮さんの言うとおりなんですけど、当時、孟宗竹は日本にまだ入ってきていない。ちゃんと調べたんです**」

この言葉には驚かされました。

だって、相手は「竹取物語」ですよ。原作者が存命だった『火垂るの墓』とはワケが違います。はっきり言って昔話の世界です。

にもかかわらず、「竹取物語」を描くとなったら、たとえ、それが昔話だろうがなんだろうが、「**おじいさんはどんな竹をどう切っていたのか?**」を調べてリアルに描かないと気が済まない。

このこだわりこそ、本物のクリエイターの姿ではないでしょうか。

ひるがえって、私は、自他ともに認める「**非完璧主義者**」。

仕事のモットーは「**100パーセントを目指して納期を遅らせるくらいなら、80パーセントの出来で納期前に仕上げる**」。

一般的なビジネスの世界なら、私の姿勢で正解ではないかと思っています。

もちろん、完璧な出来で納期に間に合うほうがベストなのは言うまでもありませんし、それを目指しています。でも、完璧を目指すあまり、納期に遅れてしまったら後工程に迷惑をかけてしまいます。完璧主義は、高畑さんのような「芸術家レベルの人」にのみ許された特権なのかもしれません。

1つ言えるのは、こだわって納期を遅らせたうえに、出来が悪ければ最悪だということ。完璧主義は、完成品のクオリティが伴なって、初めて周りも許してくれるのです。

生前、圧倒的なクオリティのアウトプットを続けることで、周りにその完璧主義を認めさせてしまった高畑監督。**遺作『かぐや姫の物語』の制作期間はなんと8年**にも及びました。

私はそんな高畑監督を尊敬してやまないのです。

（参考『天才の思考　高畑勲と宮崎駿』鈴木敏夫著　文春新書）

「心がホッコリと和(なご)む話」

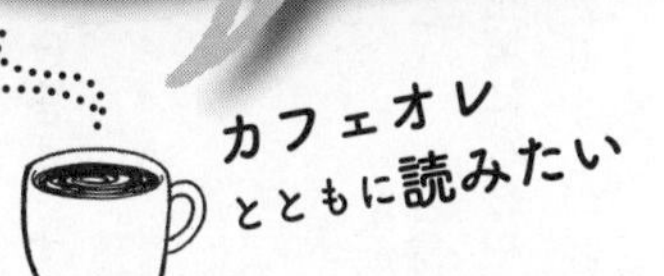

20 三宅裕司（みやけゆうじ）さんの奥さま、「天然ボケ」エピソード集

本人は意識せず、ナチュラルにピントがずれた受け答えをするような人のことを「天然ボケ」なんて言います。

あなたの周りには、そういう方、いませんか？

ちなみに私は子どもの頃、かなりの天然ボケでした。

小学生のとき、先生から「花壇の雑草を抜きましょう」と言われて、まだ花が咲く前のチューリップを引き抜いてしまったり、「花壇に水をやる係」になったときは、雨の日に傘を差しながらジョウロで水をやったり……。我ながら思い出すと恥ずかしい。

以前に、あるテレビ番組のなかで、サンドウィッチマンの伊達みきおさんが、いわゆる「天然ボケ」のタレントさんたちについて、「自分たちは、天然ボケの人たちの面白さにはかなわない」という気持を込めて、次のような発言をしていました。

「オレたちのつくる笑いは、計算して笑ってもらう『養殖もの』。だから、天然ボケの人たちがつくり出す『天然モノ』の笑いには勝てない」

いや～、さすがにうまいことをおっしゃる。

伊達さんはともかく、いろいろ考えているのにもかかわらず、なかなか笑いがとれない芸人たちにとっては、素(す)でしゃべるだけで笑いがとれてしまう「天然ボケ」の人たちは、とても羨(うらや)ましい存在でしょう。

そんな、「ナチュラル・ボーン・天然」の人たちのなかでも、「知る人ぞ知る存在」なのが、コメディアン・俳優・タレントなど、マルチな活躍をされている三宅裕司さんの奥さまです。

もちろん、奥さまは一般人ですから、メディアには登場しませんが、三宅さんがテレビ番組に出演されたときなどに奥さまの天然ボケエピソードを披露していて、これがもう笑えるものばかり。

コーヒーブレイクのお供に、いくつかご紹介しましょう。

飲んでいるコーヒーをふき出さないように用心しながらお楽しみください。

●ガソリンスタンドで「ガソリン、満タンで!」と言おうとして。

「マソリン、ガンタンで!」

●「ゴルフの打ちっぱなしに行ってきたの」と言おうとして。

「ゴルフのメッタ打ちに行ってきたの」

●美容院で「耳はいかがいたしますか?」と聞かれて。

「耳は切らないでください」

●お金儲けがうまいお坊さんの話題で「坊主丸儲けね」と言おうとして。

「これが本当の坊主丸坊主ね」

●タクシーに乗っていて運転手に道を教えようとして。

「まっすぐ行って、次の信号を右に曲げてください」

●三宅さんから「犬を飼いたい」と言われて。

「バカね、犬なんて飼ったら、誰が始末するのよ！」

●ウソをついた子どもに「ウソは泥棒のはじまりよ」と言おうとして。

「ウソは万病のもとよ！」

●しゃぶしゃぶ食べ放題のお店に行ったのに、普通のメニューを出されて。

「すみません、ここ、食べ食べしゃぶ放題のお店じゃないんですか？」

●温泉旅館で「源泉かけ流し」かどうかを確認しようとして。

「あの、ここの温泉は、源泉たれ流しですよね？」

小学校で先生から「子どもとのふれあいが大事」と言われて。

「わかりました、スキンヘッドですね」

履歴書の「趣味」の欄に。

「趣味　登山（下山含む）」

「昨夜はムシムシして眠れなかった」と言おうとして。

「昨夜はムラムラして眠れなかったわ……」

自宅で来客に「あそこに立っているのが私の夫です」と紹介しようとして。

「あそこが立っているのが私の夫です」

娘と息子がケンカをしたとき、それを止めて、「やめなさい！　いい、人という字を見てごらんなさい」と言ったけれど、その先を忘れて。

「人という字を見てごらんなさい……ネコの口に似てるでしょ」


いかがですか？

これでもまだ、奥さまの天然ボケエピソードのごく一部でしかありません。

さすが、天然ボケ界のレジェンド！

何がイイと言って、これらの奥さまのエピソードを話すときの三宅さんが実に楽しそうなのがイイ。聞いていて、笑えるだけでなく、心がホッコリしてきます。


こういう人って、失敗をしても周りからは笑って許されたりします。サザエさんが愛されるのも、天然ボケキャラだからですよね。

そして、こんな人が1人いると、それだけで場が和みます。ピンチのときなどでは、緊張を和らげてくる貴重な存在になります。

あなたの周りの天然ボケの方も、そうではありませんか？

天然ボケは、神様から与えられた「その人の強み」なのかもしれません。

21 赤塚不二夫の神対応。酔っぱらって寝過ごしたアシスタントに言ったひと言

漫画家の故赤塚不二夫さんのエピソードです。

赤塚さんと言えば、『天才バカボン』『おそ松くん』『もーれつア太郎』など、数々のギャグ漫画を生み出したレジェンド。バカボンのパパがよく口にする「これでいいのだ！」や、『おそ松くん』に登場するキャラクター、イヤミの「シェー！」など、数々の流行語の生みの親でもあります。

そんな赤塚さんは、大のお酒好き。仕事で徹夜することが多い日々でも、原稿を描き終わればアシスタントや編集者を引きつれて飲み歩いていました。

仕事部屋のまん中にはコタツが置かれ、少し時間が空くと、そこでお酒を飲みながらスタッフ相手に麻雀を楽しんだというのですから、スタッフも毎日のようにお酒を飲んでいたのです。

さて、そんなある日のこと。若手アシスタントの1人である、しいやみつのりさんが、仕事のあと、つい飲み過ぎてしまいました。

酔っぱらって仕事場の隅で眠ってしまい、ハッと気がついたときには、すっかりお昼。

周りを見ると、自分以外のアシスタントは全員が忙しそうに働いています。

「や、やってしまった!」

あわてて起きたものの二日酔いで頭はズキズキ。とても仕事ができるような状態ではありません。

「と、とにかく、先生に謝らなければ……」

そう思ったしいやさん、見まわすと、赤塚先生はすでに原稿を描き終えたのか、こちらに背を向けてこたつに入り、スタッフと麻雀の真っ最中。

その背中に向かって、おそるおそる言いました。

「先生、すみませんでした。つい、調子にのって……」

しいやさんからの謝罪の言葉を聞いた赤塚先生は、あっけらかんとした顔で、たったひと言、こう言ったのです。

「許すのだ！」

なんと、バカボンのパパのごとき、神対応のひと言！

ペーペーのアシスタントが、あろうことか二日酔いで仕事に穴を開けるなんて、考えられない大失態です。

厳しい漫画家なら、その場でクビを言い渡してもおかしくありません。

このとき、しいやさんは、「この人に一生ついていこう」と誓ったそうです。そして、そのときの思いのとおり、フジオ・プロダクションに足かけ12年も所属し、のちにチーフ・アシスタントを務め、赤塚先生に恩返しをしたのです。

ある経営コンサルタントはこう言っています。

「器の大きい上司は、ミスをした部下に対して、『おとがめなし』を基本にしている」

ミスを悔やみ、反省している相手には、おとがめなしで十分なのです。

そう言えば、ビートたけしさんは、たけし軍団のメンバーが約束の時間に遅刻してきたとき、まったく怒らなかったそうです。理由は、**「ここに着くまでの間に、自分から怒られるのではないかと思って生きた心地がしなかっただろうから」**。もう罰は受けたから怒る必要はないというわけです。

自分よりも立場が下の相手がミスしてしまったとき、「許すのだ！」の精神で、おとがめなしにする。

考えようによっては、器の大きさを見せるチャンスですね。

（参考『赤塚不二夫先生との下落合呑んべぇ日記』しいやみつのり著　小学館）

22 ドジョウを丸飲みした芸人に明石家さんまが言った言葉

「ドゥーン」「何を言う、早見優」などのギャグで知られるベテランお笑い芸人の村上ショージさん。

そのショージさんが、まだ、吉本興業に入ったばかりだった頃の話です。

京都花月劇場で初舞台を踏むことになったものの、何もやることがありません。

そこで、苦肉の策として考えたのが「人間ポンプ」でした。

人間ポンプって、ご存知ですか？　たとえば生きた金魚を丸飲みし、いったんは胃の中に入れたものをふたたび口から出す。すると金魚はちゃんと生きている……という、昔、奇人変人ショーなどの番組でよく見られた芸（？）です。

ショージさんは、これならウケるかもしれないと考えました。でも、金魚は大きくて飲みにくそうなので、ドジョウを飲むことにします。もちろん、人間ポンプなんてできませんから、ドジョウは飲んだまま。お客さんには、「今、飲んだドジョウは、明日、お宅に小包で届きます」とかなんとか言って笑ってもらうというのがオチです。

さあ、初舞台の日。

舞台で、ショージさんが生きたドジョウを飲み込むと、客席からは悲鳴があがります。ウケるどころか、お客はドン引きしてしまいました。

この舞台を、たまたま見ていたのが、明石家さんまさんの師匠、笑福亭松之助(しょうふくていまつのすけ)さんでした。弟子のさんまと仲のよい芸人の初舞台ということで見にきたのですが、この舞台を見て怒ったのなんの!

すぐに、さんまさんを呼びつけて、「アイツに、二度と舞台でドジョウなんか飲むなと言っとけ!」と伝えました。

師匠から言われたさんまさん、さっそくショージさんに電話をかけます。

「もしもし、師匠から聞いたでぇ。オマエ、舞台でドジョウを丸飲みしたんやてな。師匠、エライ怒ってたでぇ」

「すんません」

「で、ウケたんか？」

「いえ、それがお客さん、ドン引きでした。どうしたらいいでしょう」

ショージさんから聞かれたさんまさん、こう言ったそうです。

「ドジョウやなくて、ウナギを丸飲みしたら、ぜったいにウケるで」

はははっ、止めるどころか、煽ってますね、さんまさん。

四六時中、「どうしたら笑ってもらえるか」を考えているさんまさんらしい。

たしかに四苦八苦してウナギを丸飲みしようとする姿は笑えるかも。

一見、バカバカしいエピソードなのですが、私、この話が大好きなんです。

舞台でドジョウを丸飲みした芸人に対して、「二度とそんなバカなことはやるな」というのは、常識人の考え方です。

それに対して、**「もっと過激にやらなきゃ」って煽るのこそ、お笑いのプロの発**

想ではないでしょうか。

常識にとらわれて、こじんまりまとまるのではなく、思いっきり振り切ったほうがウケる。

これは、ギャグだけでなく、イベントの企画や商品開発にも通じる考え方だと思うのですが、いかがでしょう？

ちなみに、村上ショージさんは、ギャグ自体で笑いを取るのではなく、ギャグがスベったあとの微妙な空気で笑いを取るという「すべり芸」の名人として、ダウンタウンの松本人志さんからも一目（いちもく）を置かれる存在なのだとか。

ショージさん自身は、そんな自分の芸風について、「**たとえお客さんが2時間くらい笑わなくても汗もかかない。逆にお客のほうがイヤな汗をかく**」と、語っています。

これまた、ある意味、振り切っていますね。素晴らしいです。

23 レッツ脳活！「懐かしのアニメ」クイズ10問

子どもの頃に見ていた懐かしいテレビアニメをYouTubeや動画配信サービスで簡単に見られるようになりました。

幼稚園や小学生の頃に見ていたけれど、細かなストーリーはまったく覚えていないアニメを久しぶりに見て、**「く〜っ！　懐かしい〜！」**なんて思った方も多いのではないでしょうか。

かつて、筋金入りのテレビっ子だった私も、夢中で見ていた古いアニメをYouTubeで見て、その懐かしさに悶絶しています。

実はこの**「懐かしい〜！」って思うことは、脳のためにすごくよい**のだとか。

１９６０年代には、アメリカの精神科医であるロバート・バトラー氏が「懐かしい写真や音楽に触れることで脳に刺激を与える」という心理療法（回想法）を提唱しているほどなのです。

そこで、ちょっとした脳活として、80年代〜90年代の人気テレビアニメから厳選してクイズをつくってみました。

さて、あなたは何問正解できますか？　楽しみながら、挑戦してみてください。

問1　『Dr.スランプ　アラレちゃん』で、アラレちゃんたちが住んでいる島の名前は何でしょう？

問2　『キャッツ・アイ』で、レオタード姿の怪盗キャッツ・アイが専門に狙う美術品は、何という画家の作品でしょう？

問3　『うる星やつら』で、主人公の鬼娘・ラムちゃんや、諸星(もろぼし)あたるが通っている高校の名前は何でしょう？

問4　『タッチ』で、ヒロインの朝倉南（あさくらみなみ）の父親がやっていた喫茶店の名前は何でしょう?

問5　『Gu-Gu ガンモ』で、ニワトリモドキの主人公・ガンモが飲むと酔っぱらってしまう飲み物は何でしょう?

問6　『美少女戦士セーラームーン』で、主人公の月野（つきの）うさぎのもとにいる、人間の言葉をしゃべる黒猫の名前は何でしょう?

問7　『YAWARA!』で、主人公・猪熊柔（いのくまやわら）のおじいちゃん、猪熊滋悟郎（じごろう）が書いた、多くの柔道家の愛読書になっている本のタイトルは何でしょう?

問8　ドラえもんが苦手な動物はネズミ。では、『忍者ハットリくん』で、ハットリくんが苦手な動物は何でしょう?

問9　『美味しんぼ』で「究極のメニュー」づくりを目指す主人公・山岡士郎が務めている新聞社の名前は何でしょう？

問10　『パタリロ！』で、主人公のパタリロは何という王国の王でしょう？

お疲れさまでした！

それでは、答えと解説です。

問1↓正解　ゲンゴロウ島

アラレちゃんが使う「**んちゃ！**」「**バイちゃ！**」などの言葉は、「**アラレ語**」として、当時、大流行しました。

問2↓正解　ミケール・ハインツ

キャッツ・アイの三姉妹の名は、泪（るい）、瞳（ひとみ）、愛（あい）。**このハインツは実は三姉妹の父親でしたね。**

問3　↓正解　友引（ともびき）高校
舞台になっている町の名前も**友引町**でした。

問4　↓正解　南風（みなみかぜ）
モデルになったのは、作者のあだち充（みつる）さんがよく通っていた**「喫茶アンデス」**。
定番メニューはナポリタンでした。

問5　↓正解　コーヒー
ガンモが居候する家の男の子の名前は。**佃半平太（つくだはんぺいた）**君。通称はハンペン。ガンモも
ハンペンも、どっちもおでんのネタですね。

問6　↓正解　ルナ
うさぎの恋人の**地場衛（ちばまもる）**は、変身すると**タキシード仮面**になりました。

問7　↓正解　「柔の道は一日にしてならずぢゃ」
柔がバルセロナオリンピックで金メダルをかけて闘った、**親友でありライバルであったカナダの選手はジョディ・ロックウェル**でした。

問8　↓正解　カエル
ハットリくんのフルネームは**ハットリカンゾウ**。弟の名前は**ハットリシンゾウ**。どちらも、なぜか臓器の名前。

問9　↓正解　東西新聞社
父でありライバルである海原雄山(かいばらゆうざん)の「至高のメニュー」を掲載していたのは「**帝都新聞**」でした。

問10　↓正解　マリネラ王国
マリネラ王国は、**ダイヤモンドが豊富に産出する島国。だからパタリロはお金持ちだった**のです。

さあ、何問正解できましたか？　**8問以上正解した方は、かなりのアニメ（漫画）好きなのでは？**

問題を見て、「懐かしいなぁ」と思った方。別にアニメでなくてもかまいません。ぜひ、YouTubeなどで子どもの頃に見たテレビ番組を見直してみてください。

「回想法」によって脳によい影響があるだけでなく、「あれって、そういうことだったの！」って、当時は意味がわからなかった場面を見て合点がいったり、実はものすごく深い話だと気がついたりできるかもしれませんよ。

24 レッツ脳活！「ジブリアニメ」クイズ10問

２０２２年11月１日、**愛知県にある愛・地球博記念公園（モリコロパーク）」内に「ジブリパーク」がオープンしたことでも話題の「スタジオジブリ」**。

１９８５年の設立以来、制作した劇場用長編アニメ映画は20作を超え、その作品がテレビ放映されれば、常に高視聴率を記録します。

テレビでの再放送やＤＶＤによって、ディズニー映画同様、ジブリ映画も世代を超えて愛されているようです。

そこで、「スタジオジブリ」の映画作品からクイズを10問作成してみました。

ジブリ映画が大好きな人でも、「あれ、なんだっけ？」と思える難問をそろえましたので、ぜひ、挑戦してみてください。

問1　スタジオジブリ制作による、劇場用長編アニメ映画の第1作は、次のうちどれでしょう？
【1】『風の谷のナウシカ』【2】『天空の城ラピュタ』【3】『となりのトトロ』

問2『天空の城ラピュタ』に出てきた海賊たちが空を飛ぶときに乗っていた、昆虫のような羽根を持つ、羽ばたき飛行機の名前は何でしょう？

問3『となりのトトロ』に出てきたネコバス。さて、足は何本あったでしょう？

問4　宮崎駿監督の劇場用長編アニメ映画で、タイトルに「の」という字が入らない、唯一の作品は何でしょう？

問5　スタジオジブリの劇場用長編アニメ映画で、タイトルがすべて「ひらがな」だけで表記される唯一の作品は何でしょう？

問6 『魔女の宅急便』で主人公のキキが居候（いそうろう）する「グーチョキパン店」。おかみさんの名はオソノさん、では、旦那さんの名前は何でしょう？

【1】サチヒコさん【2】フクオさん【3】ユメノスケさん

問7 『耳をすませば』で、主人公の雫（しずく）がネコに導かれてたどり着く、聖司の祖父が営むアンティークショップの名前は何でしょう？

問8 『風の谷のナウシカ』ではナウシカ、『となりのトトロ』ではお母さん役をやっていた島本須美（しまもとすみ）さんが、もう1作品だけ声優として参加している作品は何でしょう？

【1】『もののけ姫』【2】『猫の恩返し』【3】『かぐや姫の物語』

問9 「あなたのことが大すき。」というのは、何という作品の宣伝キャッチコピーでしょう？

【1】『崖の上のポニョ』【2】『コクリコ坂から』【3】『思い出のマーニー』

問10 スタジオジブリが制作した短編映画が上映される、ジブリパーク内にある映画館の名前は何でしょう?

お疲れさまでした!
それでは、答えと解説です。

問1 ↓正解 【2】『天空の城ラピュタ』
公開は会社が設立された翌年、1986年。よく勘違いされますが、『風の谷のナウシカ』が84年に公開された当時には、まだスタジオジブリは存在しませんでした。

問2 ↓正解 フラップター

設定によると、海賊ドーラの亡き夫が天才発明家であり、彼が残した発明品なのだとか。

問3　↓正解　12本

三鷹の森ジブリ美術館でのみ公開されていたショートムービー『めいとこねこバス』に登場する「こねこバス」の足の数は6本でした。

問4　↓正解　『風立ちぬ』

2022年までは、宮崎駿監督の劇場用長編アニメ映画で、タイトルに「の」が入らないのはこの作品だけでしたが、2023年の『君たちはどう生きるか』の登場で2作品になりました。ちなみに、宮崎駿監督の劇場用長編アニメ映画のタイトルで、「の」の字が2文字入るのは『風の谷のナウシカ』『崖の上のポニョ』、そして、『もののけ姫』。

問5　↓正解　『おもひでぽろぽろ』

この映画は、できあがった動画に声を入れるアフレコ（アフターレコーディング）ではなく、出演者の声を先に録音し、それに合わせて動画を描くというプレスコ（プレスコアリング）が採用されたことでも話題になりました。

問6 ↓正解 【2】フクオさん

映画では名前は登場しませんが、角野栄子（かどのえいこ）さんの原作本では、フクオさんという名前がちゃんと出ています。ちなみに舞台となる町の名前は「コリコ」といいます。

問7 ↓正解 地球屋

地球屋がある場所のモデルになった、聖蹟桜ヶ丘（せいせきさくらがおか）のロータリーの一角にある「ノア洋菓子店」では、ジブリ公認で作品にちなんだお菓子を販売。店内には、バロン（作中で重要な役割を果たすネコの人形）の置き人形もあり、ファンの聖地巡礼場所になっています。

問8↓正解【1】「もののけ姫」
エボシ御前が率いる「タタラ場」のリーダー的存在、トキの声で出演しています。

問9↓正解【3】『思い出のマーニー』
『崖の上のポニョ』のキャッチコピーは「**生まれてきてよかった。**」、『コクリコ坂から』のキャッチコピーは「**上を向いて歩こう。**」でした。

問10↓正解　オリヲン座
オリヲン座の記念すべき最初の上映作品は『くじらとり』でした。

さあ、何問正解できましたか？
「私はジブリの大ファン！」と自称する友人にモニターになってもらったところ、6問正解でしたから、なかなか難易度が高いと思います。
楽しんでいただければ幸いです。

25 ファーストレディーに届いた袋いっぱいの手紙

一般に公開している自分のSNSに対して届く「マイナス意見」。ありますよね。「そこまで言わなくても……」みたいな書き込みって。

赤の他人の勝手な意見なんて気にしなくてもいい……と、わかっていても、やっぱり気になってしまうもの。

自称、「歩く鈍感力」のような私でさえ、自分が書いた本に対して、アマゾンのレビューに手厳しい意見があるのを見つけると、なんだか「ツラいような、申し訳ないような気持ち」になってしまいます。

あなたも、見ず知らずの人からの辛辣(しんらつ)な言葉で気分が落ち込むことがあることと思います。

これは、そんな「自分へのマイナス意見」について、余裕のユーモアで返した、

ある女性……というか、アメリカ大統領夫人のエピソード。

そのファーストレディーとは、フランクリン・ルーズベルト大統領夫人、エレノア・ルーズベルトさんです。

このエレノアさん、ファーストレディーとしてはルーズベルト大統領のニューディール政策を支え、夫の死後は作家、講演家、政治家などとして、とくに勤労女性の地位の向上に寄与。いっときはアメリカの国連総会代表団の一員となり、人権委員長として世界人権宣言の設立にも携わったという方。トルーマン大統領が「世界のファーストレディー」とまで称したほどの才女です。

そんな彼女の黒歴史。

それはあるマーガリン会社のCMに出演してしまったことでした。

CMのなかで「新しい○○社のマーガリンは本当においしいわ」と視聴者に訴えたものの、評判はまるっきりかんばしくありませんでした。

のちに、インタビューなどの機会に、意地悪く、このCMについての質問をされることもあった彼女。

そんなときは、あっけらかんと、こんなふうに語っていました。

「あのCMについて、私のところに届いた郵便袋いっぱいの手紙のうち、半分は『あなたの評判が下がってしまって悲しい』というもの。そして、あとの半分は『あなたの評判が下がってしまって嬉しい』という内容だったわ」

いいですね。この余裕。

何がいいといって、気にして落ち込んでいないのがいい。しっかりと心をリセットしています。

自分の黒歴史……というか**失敗した経験について、あっけらかんとユーモアをもって話ができる人って、見ていて器の大きさを感じます。**

お笑い芸人でも、余裕のある人は、かつてお客さんをドン引きさせた経験や、自分の発言でSNSが大炎上した話などを、ユーモアたっぷりに話すことができます。

いっぽう、心に余裕がない人だと、自分のかつての失敗が話題に出ただけで気分を害して怒り出してしまったり、激しい口調で言い訳や反論をしたり、黙り込んでしまったりしがち。

そんな人を見ると、「器が小さいな」って思ってしまうのは私だけでしょうか？

事実、日本の某政治家が、インタビュアーから「少し触れられたくない話」について質問されて、「失敬だな、君は！」と激怒した残念な場面を見たことがありますが、「なんだかなぁ」と思ってしまいました。

自分に対するマイナス意見などは、たとえそれが多少、的はずれであったとしても、いいがかりであったとしても、落ち込んだり取り乱したりせず、余裕の態度で受け止めて、ユーモアで切り返したい。そっちのほうが、カッコイイし、たぶん、**「あなたを怒らせたい、言い負かしたい」と思っている相手の期待を裏切ることも**できます。

一歩進めて、**「黒歴史はネタになる」**くらいに考えてもいいかもしれません。

26 時代の写し鏡、七夕の短冊に見る「今どきの願いごと」

7月7日は七夕(たなばた)。

七夕を8月に行う地域も多数あるようですが、これは旧暦を基準にしているため。有名な仙台の「七夕祭り」が8月開催なのも、旧暦を基準に開催しているからです。

七夕の行事でメインとなるのは、笹竹(ささたけ)に願いごとを書いた短冊(たんざく)を飾ることでしょう。毎年、七夕が近づくと、スーパーマーケットなどの店内の一角に、笹竹と短冊、そしてサインペンが用意されて、「短冊にご自由に願いごとを書いて笹につけてください」というようなコーナーが設けられたりします。

実は私、この短冊に書かれている「願いごと」を見るのが大好き。今どきの子どもたちの願いごとが面白いのです。

では、私がよくいく地元のスーパーマーケットの店内に飾られていた七夕の笹竹につけられた短冊から、いくつかを紹介しましょう。

まず、いちばんノーマルなパターン。

今も昔も変わらないのは、「〇〇になれますように」という願いごとです。

「ケーキ屋さんになれますように」

「プリキュアになれますように」

あこがれの職業やアニメの主人公になりたがるのは、今も昔も変わりなし。なかには次のようなお願いも。

「きょうりゅうになりたい」

ブームを反映していますね。でも、**「恐竜が欲しい」**ではなく、なりたいんですね、恐竜に！

この「〇〇になりたい系」に続いて多いのが、自分や家族の健康についてのお願いです。

「よのなかからむし歯がなくなってほしい」

「家族みんなが元気でいますように」

「コロナきらい」

健康祈願で笑えたのは、ものすごく幼い字で書かれた次の短冊。

「長いきできますように」

あなた、心配しなくても大丈夫です。普通に生きるだけで、まだけっこう長く生きられますから！

見た瞬間、ドキッとしたのは、こんなお願いです。

「りかちゃんのおうちがほしい」

お友だちの女の子が大きな家に住んでいて、その家を乗っ取りたい……と、一瞬、そんな想像をしてしまいました。

でも、考えてみたら、たぶんリカちゃん人形の家、「リカちゃんハウス」が欲しいという話ですね。ああ、びっくりした。もっともこれは、おかしな勘違いをする私のほうが、想像力がたくましすぎるのかも……。

たぶん、子どもと一緒に短冊を書いたであろうお父さん、お母さんたちの短冊も、なかなか味があります。

「お父さんの帰宅時間が早くなりますように」

「10歳肌が若返りますように」

「ボーナスが出ますように」

みんな、ガチンコなお願いですね。

大学生が書いたと思われる、こんな短冊も。

「流年しませんように」

うーむ。「留年」という漢字を間違っている時点で、危ないような……。

ぐっと視野が広がって、世界平和を願う短冊もたくさんあります。

「このよから　せんそうが　なくなりますように」

「愛・自由・希望・夢　願います」

平和を願う短冊は以前から定番ですが、昨今の世界情勢を思うと、感慨深いものがあります。

最後に、世界平和と自分の願いの両方が書かれた短冊。

「世界が平和になりますように　ドリームジャンボがあたりますように」

このギャップが正直でいいですね。

笹竹の短冊に書かれる、「子どもたちのお願い」は、その時代を生きる「無力な子どもたち」の切実な願望が反映されています。

そして、世知辛い時代を頑張って生きる大人たちの願いも……。

いわば、時代の写し鏡。

もし、七夕の頃、スーパーなどで笹竹を見かけたら、ぜひ、短冊の願いごとを見てみてください。ちょっとした小説並みに面白いです。

えっ？「おまえは短冊に何を書くのか？」ですって？

そうですね。本を書く人なら、たぶん全員が好きな四字熟語でしょうか。

「**重版出来**」

これですね（笑）。

27 急な誘いを円滑に断るときの、「笑えるフレーズ」と「使えるフレーズ」

1日の仕事を終えて、「そろそろ帰ろうかな」と思ったところで、突然、上司や同僚から「今日、1杯どう?」と急な飲み会のお誘い。

残業を頼まれるよりはよいけれど、帰ったらお気に入りの海外ドラマを見まくる予定だったのに、ちょっと気が乗らない……。

そんなとき、なんと言って誘いを断りますか?

できれば、相手の気分を損(そこ)なわずにお断りしたいものですよね。

そこで、そんな誘いをお断りするときの「笑えるフレーズ」と「使えるフレーズ」の話です。

まず、ちょっと笑えるフレーズから。

タレントで女優の壇蜜(だんみつ)さんは、かつて水商売の仕事をしていた時期がありました。

その頃、ほかにも、いくつかの仕事をかけ持ちしていて、仕事によっては朝が早いこともあったといいます。

そんな、「明日はお仕事で早起きしなくては」という前の晩にかぎって、お店のお客さんからアフターに誘われることがあったそうで、そんなときは、相手にこんなことを言って誘いを断っていたそうです。

「今日は、帰ってから除霊をする日なので」

怖！　そんなことを言われたら、それ以上は誘えませんよね。だって、除霊ですよ、除霊！（笑）。

壇蜜さんは、お客さんからのお誘いを断りやすいという理由で、お店でしばらく「定期的に除霊をする人」というキャラクターを演じていたそうです。

タレントの高田純次さんも、人からの突然の誘いを断るとき、次のような、ちょっと笑えるフレーズで断っています。

「ごめん、6時の便でニューヨークに行かなきゃならないから」
「ごめん、出口でおネエちゃんが待ってるんで、もう行かないと」

これならウソ（というか冗談）だとわかるし、相手も笑って誘うのをやめてくれそうですね。

テッパンの「使えるフレーズ」と、使うときの注意点

壇蜜さんも高田さんも、なかなか面白いフレーズですが、まさか会社の上司や同僚に「今晩、除霊するので帰ります」「明日、ニューヨーク出張なんで」なんて言ったら、ちょっとアブナイ人だと思われてしまいます。

では、なんと言って断るのが、無難で、カドが立たないでしょう？

私のこれまでの経験上、テッパンは、次のひと言です。

「誘ってくださってありがとうございます。すごく行きたいのですが、先約が入っているので申し訳ありませんが今日は失礼します」

――ポイントは3つ。

○「誘ってくれたことへのお礼」を言うこと
○「本当は行きたいけど、今日は……」と、いかにも残念そうに伝えること
○余計なウソをつかないこと

とくに重要なのは3つ目です。

たとえば、「田舎の母が出てきているんで」とか「友人の披露宴の出しものの相談で」「10年ぶりの同窓会なんで」など、**ヘタなウソは墓穴を掘ります。**

ウソをついている人は、聞かれてもいないのに理由を自分から言うもの。それに、ウソは言い方や表情で相手にバレてしまいます。

ですから、**余計なことを言わずに「先約があるんで」というひと言で済ますのがミソ**だと心得ましょう。

この「先約があって」というフレーズのよいところは、ウソではないということです。たとえ、帰ってからドラマを見たいと思っている場合でも、「先約がある」のはたしかですから！

最近は、無理に誘うとパワハラなんて言われかねないし、「たとえ部下であっても、相手が嫌がるのならプライベートには踏み込まない」という雰囲気があるので、「先約がある」と言われたら、相手が上司でもあっさり引き下がるでしょう。

もしも、「先約って何？」としつこく聞いてきたら、こう言いましょう。

「プライベートでちょっと」

「プライベートでドラマを見たい」のですから、これだってウソは言っていません。

それに、「プライベート」という言葉には、「これ以上は聞かないで」というニュアンスが含まれているので、なかなか強力です。

それでもなお、しつこく聞いてくるような相手とは、本気で距離を置いたほうがよいと思います。

えっ？　「ちょっと良心が痛む」ですって？

そういう方は、無理に帰っても楽しくないでしょうから、誘いに乗ればいいのです。そもそも、当日、急に誘ってくるほうが悪いのです。それに、あなたが行かなければ、相手の標的は別の人に向かうだけのこと。**行きたくなければ、テッパンフレーズであっさりとお断わりすれば、相手は気を悪くしません。**

なお、**「急な誘いをされないようにするベストな方法」**は、**普段から「定時で帰るキャラクター」とか「飲み会に出ないキャラクター」であることを、周りに定着させておくこと**です。

そういうキャラクターを定着させておけば、当日に誘いが入ることがなくなりますし、たまに誘いに乗るだけで、「普段は参加しないのに悪いね」なんて、逆に感謝されるようになるかもしれません。

28 素人(しろうと)イジリの名人芸

1つ前の項にも登場していただいた高田純次さん。

今までに書いた本のなかで何度も言っていますが、私にとっては、「将来、こうなりたいと思うベスト・オブ・ジジイ」です。

高田さんが街歩きをする番組を毎回録画して、その素人イジリをメモするくらいリスペクトしています。

と、思ったら、あるお笑いタレントが、こんなことを言っていました。

「我々、お笑い芸人にとって、高田純次さんが町角歩きで見せる『素人イジリ』はお手本のなかのお手本。多くの芸人があこがれて、目標にしています」

ああ、そうだったんですね。たしかに、番組で見せる高田さんの「素人イジリ」は、もはや名人芸の域。

それでは、そんな名人の「素人イジリ」のいくつかをご紹介しましょう。

築地(つきじ)の喫茶店で、91歳の初代店主のおばあちゃんと会って。

「長老の話をこんだけ聞いたら、もう言うことないですよ。今日はもう、僕、嬉しくて、家でお赤飯炊(た)こうかな」

声をかけた人が一流ホテルに泊まっていると聞いて。

「どうなのあのホテル、泊まり心地は？　トイレとかも水洗でしょ？」

スカイツリーを見上げて。

「ほら、心なしかスカイツリーも少し伸びたんじゃない」

チーズ専門店に並ぶ人たちに向かって。

「えーと、ここは何？　診療所？」

横須賀の街角で、歩いていたおばちゃん2人に。

「えーと、今日は何しに横須賀に？　刺青を彫りにきたのかな？」


学校で、話している相手が副校長だと知って。

「あらら、じゃあ、あとは校長を蹴落とすだけという」


「どこからきたの？」と聞いた相手から「広島からです」と答えられて。

「広島って、日本の広島？」


ゲストのタレントから「私、もう50超えてるんだよ！」と言われて。

「それ、人間でいうと何歳くらいですか？」


「ウチの主人が高田さんの大ファンなのよ」と言われて。

「ホント、じゃあ、抱きに行っていいかな？」

●散歩をしている町の名前の由来を住民に聞いて。
「なるほど、そうなんだ。聞いてみたら、たいした理由じゃなかったね」

●10歳の男の子に向かって。
「えーと、どこの高校かな？」

●神社で袴(はかま)を履いた巫女(みこ)さんを見て。
「ロングスカートだけど、やんちゃじゃなさそうだね」

●下町の工場で、青年社長が奥から出てきて。
「あれ、社長さん若いねぇ、時間があったらクラブ行きましょうよ」

●歩道橋の階段の前で立ち止まって。
「あっ、ごめん、エスカレーターじゃないのね」

●話している相手が表参道生まれだと知って。
「そんなふざけたヤツがいるんだ。給食なんかはどうなの？　金粉かなんかかけて食べるの？」

●あるお店で、若い店員さんと話していて。
「これからは、あなたたちの時代だからね。オレなんて、あともう、せいぜい、40年か50年よ」


今回はこのあたりで。

それにしても、街で会った素人さんを相手に、アドリブで次々とこんな「返し」をする高田さん。本当に天才的な「いい加減さ」です。

リスペクトします！

29 効果抜群の「クッション言葉」6選

1つ前の項で、素人イジリの達人として登場していただいた高田純次さん。

そのコミュニケーションの基本は、「相手を笑わせること」です。

相手に笑ってもらうことで、タレントとしての自分のハードルを下げて、相手にリラックスしてもらう。

それで、会話がうまくいく。

私は、この「相手と会話するとき、相手に笑ってもらうために言う言葉」のことを「クッション言葉」または「クッションギャグ」と呼んで、多用するように心がけています。

たとえば、初めてお目にかかる編集者さんが、私のことを「西沢先生」と呼んできたとき、こんなふうに言います。

「あっ、先生ではなく『西沢さん』と呼んでください。先生と呼ばれるとワキの下がカユくなりますから」

こう言うと、たいがいの編集者さんは笑ってくれて場が一気に和みます。

ではここで、私が実際に何度も使って、効果抜群だった、「シチュエーション別のクッション言葉」を6つほどご紹介しましょう。

●知り合った相手が自分よりも年下や、後輩だった場合。別れ際やメールの最後に入れるひと言。

「いつでも、気軽に相談してくださいね。国家機密以外はなんでも答えますから」

これは本当に、今まで何回使ったかわからないくらいに使ってきました。オフィスなら、先輩社員として新人社員や中途採用者に使えば、「話しやすい先輩」と思ってもらえるでしょう。

●相手から仕事を依頼されたとき。
「大船(おおぶね)に乗ったつもりでご安心ください。船の名はタイタニックかもしれませんけど」

一瞬、安心させたあとで、軽く落として笑いを取りにいく。私は編集者さんから「2か月で原稿をいただけますか？」などと言われたときにこのクッション言葉を使っています。こう言うと、「この人、余裕あるな」なんて思ってもらえます。ノリのいい相手なら、「沈むんか〜い！」ってツッコんでくれるかもしれません。

●仕事の依頼が少しキツイ納期だったりして、相手から「大丈夫ですか？」と聞かれたとき。
「大丈夫です。魔法使いなので」

以前に、ある著者の本の編集をお手伝いしたときのこと。編集作業がかなり進んだ段階で、編集者さんが本の構成を大幅に変更するアイデアを思いつき、「西沢さん、最終納期はそのままで、この構成案に変更できますか?」と聞かれたことがありました。このときも、このクッション言葉で答えました。私が「大丈夫です、魔法使いなので」と伝えると、編集者さんから大感謝していただけました。もちろん、この言葉は、「言ったからには実現する」ことが条件なのは言うまでもありません。

●若者の仕事ぶりなどを褒めるとき。

「まだ、○歳なのにしっかりしてるねぇ、自分なんて、○歳のときには、まだ、物心もついてなかったよ」

この言葉は、ギャグというよりほぼ本音です。最近、知り合いになる若い人たちは、皆さん、本当にしっかりしていて、同じ年齢の頃の自分と比べると、恥ずかしいかぎり。そこで、半分は本音でこう言うと、たいがい、笑って受け止めてくれます。変な先輩、と思っていただければ本望です。

●懇親会などで、気おくれして遠慮している人に。

「遠慮しないで、なんでも好きなもの飲みな、ガソリンでもなんでも」

とくに、周りが自分よりも年上ばかりの飲み会などで、遠慮しているような若者がいたら、私はいつもこう言うようにしています。これは、ウケるかどうかは二の次。その人の緊張をといてあげるためのクッション言葉ですね。

ちなみに、私の知人のある社長さんは、懇親会や飲み会のとき、「会話に参加できずに独りになっている参加者を見たら率先して話しかけることを信条にしている」とおっしゃっていました。

●「サインしてください」と言われたとき。

「サインでもコサインでもなんでもしますよ」

たま〜にですが、私の本を買ってくださった方から「本にサインをいただけますか？」と言われることがあり、そんなときにはいつもこのクッション言葉を使っています。「サインすることなんてない」ですって？　いえ、一般的にも、「契約書や申し込み書にサインする」ときに使うことができます。

余談ですが、蛭子能収（えびすよしかず）さんにお目にかかったとき、ご著書にサインをお願いしたら、「**オレなんかのサインでよければ、いくらでもするよ**」って言ってイラスト付きでサインしてくださいました。なんだか、人柄を感じてホッコリしました。

いかがですか。

繰り返しますが、これらはすべて、私がこれまでに実際に使ってきて、人間関係をよくする効果があったものばかりです。

えっ？「こんなこと言ったらバカだと思われそうで言えないよ」ですって？

大丈夫です、たとえ年上や仕事関係の相手でも、それなりの方やユーモアを解する方なら、こちらの「よい関係を築きたい」という意図が伝わるはずです。

それに、「なんだか、とっつきにくい人」だと思われるよりは、「**思いっきりハードルが低い人**」だと思ってもらうほうが、いろいろとよいことがあると思うのですが、いかがでしょう。

大阪では、「**オモロイやっちゃなぁ**」と言われるのが「最高の褒め言葉」であると聞いたことがあります。営業もお客様から「オモロイやっちゃなぁ」と思われただけで買ってもらえることもあると。

ここでもやっぱり、「つまらなそうなヤツ」と思われるより、「オモロそうなヤツ」と思われたほうが、ナンボかお得のようです。

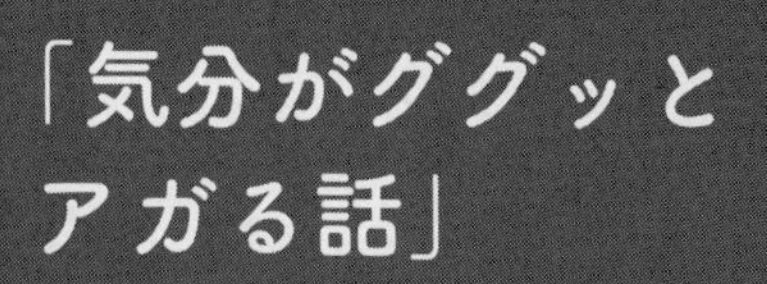
「気分がググッと
アガる話」

エスプレッソ
とともに読みたい

30 「こだわり」を捨てたとき、見えてくるもの

韓国で大ベストセラーとなり、日本でも発売されて話題になったエッセイ、『あやうく一生懸命生きるところだった』(ハ・ワン著　岡崎暢子訳　ダイヤモンド社)の著者、ハ・ワンさんの若き日のエピソードです。

将来、イラストレーターになろうと考えていたワンさんは、韓国でナンバー1の美術大学、ホンデ大学を目指します。

この大学、「ホンデでなければ美大にあらず」と言われるほどの名門で、「どうしてもホンデに入りたくて七浪もしている浪人生がいる」というウワサまである難関校です。

そんな大学を目指し、高校3年で初受験したワンさん。

しかし、結果は不合格。

ほかに受かっている大学もありましたが、ホンデをあきらめられず、1年浪人して再受験する道を選びます。

1年間、予備校に通って、その翌年。2度目のチャレンジ。

結果は……。

またしても不合格でした。

思い入れが強すぎるのか、試験当日に緊張して実力が発揮できず、貴重な1年がまったくの無駄になってしまいました。

失意のなか、ワンさんは考えます。

「ここでもし、あきらめてしまったら、この貴重な1年がまったくの無駄になってしまう……。合格できなかったのは努力が足りなかったからだ。もう1回、もう1回だけ挑戦しよう」

1年後に、迎えた3回目の受験。

ワンさんは背水の陣で1年間、必死で学びました。毎晩のように、「神様、ホンデに受からせてください」とお祈りまでして挑(いど)んだのです。

その結果は……。

不合格！

合否発表の日。帰り道に橋の上から川の流れを見ながら、「俺の人生、終わったな」と思うワンさん。

いっそこのまま川に飛び込んで……。

そう考えましたが、怖くて実行できませんでした。

その春、ワンさんは滑り止めで受けていた大学に入学しました。

しかし、2か月が経ってもまったく馴染めないし、やる気も出ない。

「**自分はこの敗北感を胸に生きていかなければならないのか？**」

そんな思いから、ある日、親にも内緒で大学を退学して、ふたたびホンデを受験することにしたのです。

そして、翌年。4回目の受験。

結果は……。

合格！

ついに合格を勝ち取ったのです。

このエピソードについて、あなたはどう感じましたか？

あきらめずに努力していれば「夢」が叶う（こともある）……と、そう思ったでしょうか。

ところが、この体験について、ワンさん自身はこう言っています。

「この体験談を、あきらめずにチャレンジし続ければ夢は叶う、というサクセスストーリーとして読み取ってしまったなら、まったくの見当違いだ」

そして、こう続けているのです。

「これは、目標を見誤ったために、ほかの選択肢がないと妄想してしまうことがいかに愚かであるかという話である」

ホンデに入ることができれば、人生のすべてがうまくいく。

周りはそう言っていたし、自分のもう信じていた。でも、入学してみると、ひたすら学費を稼ぐためのアルバイトの日々。何1つ好転しない。

そんなある日、「公務員試験に四浪した若者が自殺した」というニュースを目にしたワンさんは、**「執着を捨てられない」ということが、いかに愚かな行為であるかを悟った**のです。

執着から抜け出すためのキーワード

目指しているものがうまくいかなかったとき、ワンさんのように執着を捨てられないと、恐ろしい無間地獄に入り込んでしまうことがあります。

ワンさんは4度目の挑戦で合格したからよかったのです。もし、4回目も不合格だったらと考えると、最悪の結末を迎えていたかもしれません。

いっぽう、**「心をリセットできる人」は、モチベーションをうまく切り替えることができます。**

第1章で、「第一志望の高校に落ちて自分の高校にきた生徒もいるはずだから、いきなり『入学おめでとう』を言わないという先生のお話をしましたよね。その先生は、第一志望に落ちてしまった生徒の心をうまくリセットさせていました。

ここでカミングアウトすると、私は会社に入ってしばらくした頃、「自分は漫画家になるのがいちばん合っているのではないか？」と思った時期がありました。

なにしろ、子どもの頃から漫画を描いては友だちに読ませていたし、大学では漫画研究会。何より、漫画のアイデアは次々に浮かんでくるし、コマ割りでも悩んだことがありませんでした。これって天職なのでは？

とは言え、会社を辞める勇気がなかった私は、こう考えることにしました。

「会社はいつでも辞められる」

会社に入るのは難しいけど、辞めるのは退職届1枚ですよね。そう思って、とりあえず会社員を続けることにしました。

そうこうしているうちに、広報担当になり、「自分に合っている仕事」のほうから歩み寄ってきたことで、結局、20年以上も会社員を続けてしまったわけです。

あとから考えると、あのとき、**「いつでも辞められる」と考えたのがよかった**と思います。

そう思わなければ、広報の仕事になる前に早まって会社を辞めていたかもしれません。それに、今、漫画ではなく文章のほうの本の執筆を生業(なりわい)にするようになって、つくづく思うのは、**「会社員の経験がとても役立っている」**ということです。今さらにして、「あのときに早まって会社を辞めなくてよかった」と思います。


自分が何かに執着してしまっているかも？　そう思ったとき、そこから脱出するためのキーワードは**「いつでも」**です。

ワンさんも、「ホンデへの挑戦は、やめようと思えばいつでもやめられる。でも、もう1回、チャレンジしてみようか」くらいの気持ちで受験していたら、2回目の受験のとき、もう少しリラックスできて合格できていたかも……。

何かに執着すると、「絶対に合格しなければ」とか、「絶対に成功させなければ」って思ってしまいます。

その思いがプレッシャーになって、実力を発揮できなくなってしまう。そして、ダメだったときの落ち込みが半端ないという負のスパイラルに陥(おちい)ってしまう。

「失敗したときは再チャレンジすればいい、イヤになったら別の道をいけばいいさ」くらいに思っていたほうが、かえって実力が発揮できるのではないでしょうか。

ワンさんは、努力することは素晴らしいと認めたうえでこう言っています。

『絶対にあきらめるな』という言葉が嫌いだ。命以外なら全部あきらめたっていいとすら考えている。（中略）「絶対あきらめるな」という言葉ほど、残酷な言葉はない。ましてや、その目標をあきらめられずに命まで断ってしまうなんて、そんな悲劇がどこにあるだろう」

まったく、おっしゃるとおり。

絶対にあきらめない！　と、**執着してしまうと、「それ以外の道」がいっさい見えなくなってしまうことが危険**です。

（参考『あやうく一生懸命生きるところだった』ハ・ワン著　岡崎暢子訳　ダイヤモンド社）

31 目の前のモノに目がくらむと……

前の項で、「絶対にあきらめない！　と、執着してしまうと、『それ以外の道』がいっさい見えなくなってしまうことが危険」というお話をしました。

それに続いて、今度は、「**目の前の欲しいモノに目がくらんでいると……**」という話です。

中国の思想書、『荘子』のなかにこんな話があります。

ある日のことです。荘子が園を散歩していると、栗の木に1羽の鳥がとまっていました。

荘子はそれを捕まえようとして近づきます。

鳥は荘子に気がつかないようで、まったく逃げるそぶりを見せません。

よく見ると、その鳥は、カマキリを狙っていたのです。

荘子がさらに近づいて、鳥が狙っているカマキリを見てみると、カマキリはカマキリで、木にとまったセミを狙っていました。

カマキリに狙われているセミは、何も知らずにジージーと鳴いています。

つまり、鳥は、荘子が捕まえようと狙っていることに気づかず、カマキリは鳥に狙われていることに気づかず、セミはカマキリに狙われていることに気づいていない……。

欲しいモノが目の前にあって、それに集中するあまり、あるいは、目の前の「やること」に集中するあまり、周りが見えなくなり、自分の命が危険にさらされていることに、まったく気がついていないのです。

鳥や昆虫は他愛もないな……とは言えません。

人間だって、目の前の利益に目がくらんだり、やるべき仕事に忙殺されたりすると、周りが見えなくなります。

そして、いつの間にか、自分の身が危険にさらされていることにも、気がつけなくなってしまう。

かつて、仮想通貨が流行ったとき、実態がよくわかってもいない人が「これは一攫千金だ！」と手を出して、たくさんの人が大損をしたことがありました。

そうなってしまった人たちは、濡れ手で粟の大儲けがチラついて、周りが見えなくなり、冷静な判断ができなくなってしまったのではないでしょうか。あるいは、「ここまでお金をつぎ込んだのだから」と、あとに引けなくなってやめられなくなったのかもしれません。

儲け話に騙されるのなら、まだ、お金を失うだけで済みます。

でも、毎日の仕事が忙しくて、ノイローゼになりそうになっているのに、「この会社で働くしかないから……」と、ほかの道が見えなくなってしまうのは、取り返しのつかない悲劇のもとになりかねません。

私の知人に、会社に就職したものの仕事に馴染めず、でも、「会社を辞めるのはいけないこと」という思い込みがあって、無理に仕事を続けていた人がいます。

結局、メンタル面を崩して休職し、そのまま退職してしまいました。

で、その彼が今、どうしているかというと……。

大好きだった趣味を仕事にして、その仕事ぶりが周りに認められて、その世界で、立派なスペシャリストとして活躍をしているのです。

これも、図らずも「別の道」へとリセットできたおかげです。


目の前のことしか見えなくなっていて、毎日がツラいというあなた。

あなたは、セミにしか目がいかなくて、鳥に狙われていることに気づかないカマキリになっていませんか？

鳴くことに夢中で、カマキリに狙われていることに気づかないセミになっていませんか？


いったん、目線を上げて、周りを見まわしてみてください。

目標にできる別のことや、進むべき別の道がたくさんあるはずです。

32 秀吉の松が枯れたときに

曽呂利新左衛門（そろりしんざえもん）という人物をご存知でしょうか？
あの豊臣秀吉に仕えたといわれる人物で、「とんちの名人」と呼ばれた人です。
曽呂利というふざけた名前（新左衛門さん、失礼！）は、新左衛門さんが、もとは刀の鞘師（さやし）で、つくった鞘の出来がよく、刀が「そろり」と抜けることから、皆に「そろり」と呼ばれるようになったのが由来だとか。
これは、その新左衛門さんの有名なエピソードです。

あるときのこと、秀吉が病気になりました。
ただでさえ弱っているのに、悪いことは重なるもの。
普段から大切にして愛（め）でていた松が枯れてしまったのです。

それを知った秀吉は、いよいよ落ち込んでしまいます。

「病気はどんどん悪くなるし、大切にしていた松も枯れてしまった。これはワシもいよいよこれまでか……」

なんだか、O・ヘンリーの『最後の一葉』みたいですが、まあ、弱り目に祟り目で、秀吉が落ち込む気持ちもわかります。

さて、自分が仕えている秀吉の落ち込みぶりを見た新左衛門さんは、一首の和歌を詠んで秀吉に渡します。

それは次のような歌でした。

御秘蔵の常磐の松は枯れにけり
千代の齢を君にゆずりて

「常磐の松」とは、冬でも枯れない常緑樹の松を長寿の象徴として詠んだ言葉。「千代」とは千年……つまり、長い年月のこと。そして、ここでの「君」とは秀吉のことです。

つまり、この歌。およそ次のような意味になります。

「**大切していた松は枯れてしまった。君主であるあなた様に、永遠の命を譲って**」

この歌を聞いた秀吉は大喜び。

「**そうかそうか、松はワシの身代わりになってくれたか!**」

それからは、日に日に回復して病気が治ってしまったというのですから、「病(やまい)は気から」とはよく言ったものです。

まったく同じ出来事でも、見方を少し変えるだけで、不吉な出来事が吉兆(きっちょう)に変わります。

これはもう、「少しでも楽しく生きるための知恵」みたいなもの。

よい出来事に遭遇したときでも、「こんなところで運を使ってしまった。悪いことが起こらなければよいが」って心配してしまう人と、たとえ悪い出来事に見舞われても、「ここまで不運が続いたら、あとはもう良くなるしかない」って思える人では、心の持ちようがミミズと龍くらいに違う。
「なんでもかんでもポジティブに考えるべし」というポジティブ信仰は「ちょっと違うかも……」と思いますが、「**よくないことが起こってもヘッチャラ、気にしない気にしない**」という気持ちは持っていて損はありません。

ちなみに、不運に見舞われたり、失敗したりしたとき、私が「魔法の呪文」としてよく使っているのは、「**これにて厄落とし**」という言葉。

「時間をかけてやった仕事が無駄になってしまった」
「わざわざこんなところまで来たのに定休日とは」
「おろし立ての服にシミをつけてしまった」

どんなときでも、「**これで厄落とし**」って思うと、落ち込みの大きさが半分以下になって、心をリセットしやすくなります。

33 気づかずについ言ってしまう、自分で自分についている「ウソ」

実は、私たちがつくウソには2種類が存在します。

それは、「**自分でウソをついていると自覚しているウソ**」と、**もう1つ、**「**自覚していないウソ**」です。

前者のウソは、誰かを騙すためのウソ。

後者も誰かを騙すためのウソであることに変わりはないのですが、こちらのほうは、ウソを言っている自覚がないために、**自分も騙されてしまうことがあるの**です。

たとえば……。

子どもの頃、買ってもらいたいゲームがあるとき、親に、こんなふうに言った経験はありませんか？

「みんな持っているから買って！」

こういうとき、多くの場合、親を騙してやろうとかいう気持ちはほとんどなくて、本人は、友だちがそのゲームを持っていることを思い出しながら訴えています。

ですから、ウソを言っているという自覚はほとんどありません。友だちがそのゲームを持っているのは事実だし、自分はそれがすごくうらやましいのです。

しかしここで、親からこう聞かれたらどうでしょう？

「本当に、みんながそのゲームを持っているの？　誰と誰が持っているか名前を教えてくれる？」

そう聞かれて、そのゲームを持っている友だちは誰だっけとあらためて考えてみると、自分が仲のよい、たった2人が持っているだけだった……。

これが「**自分で自覚していないウソ**」です。

やっかいなのは、このウソは、自分の思い込みによって、心の声が無意識に「ウソ」を言ってしまっているという点。そして、そのウソを自分も信じてしまうことがあるという点です。

「無意識のウソ」は、大人になってからもついている

コーチングのプロフェッショナルでリーダー育成家の林健太郎(はやしけんたろう)さんによると、この「無意識のウソ」は、多く人が、**子どもの頃だけでなく、大人になっても言い続けてしまっている**のだそうです。

たとえば、林さんのクライアントである企業のマネジャーが、自分の部下について、「**あいつはこの仕事、絶対に失敗する**」と言ったとします。

そう言っているとき、そのマネジャーは自分の言葉を真実だと思ってしゃべっています。

しかし、ここで林さんが、その人に対して、こう質問したらどうでしょう。

「それは本当に本当ですか？　彼は100パーセント、確実に、絶対にこの仕事を失敗しますか？」

そう質問されると、多くのマネジャーは急に自信がなくなって、**「いや、まあ、100パーセント失敗するとまでは言わないけど……」**とトーンダウンするそうです。

聞き返すことで、実は結構、いいかげんな先入観で言い切っているのだということがわかるのです。

さらに、林さんによると、こうした、自分でも気がつかないウソは、自分自身に関することでも言ってしまっているとのこと。

例を挙げると、こんなつぶやきです。

「私は細かい仕事が苦手なので……」
「私は数字に弱いので……」
「私は本番でアガってしまうタイプなので……」

林さんは、コーチングのクライアントがそんなふうにつぶやくのを聞くと、決して聞き逃さずに、すかさずこう聞くといいます。

「それって、本当ですか？」

すると相手は、今まで聞き返されたことなんてないので、あせって答えます。

「えっ？　いや、ずっとそうなんで……」

「ずっとって、いつからですか？　そう思う根拠は？」

そうやって問い詰めると、子どもの頃にたった1度失敗したことが記憶に残っているだけだったり、学校の先生からひと言、「〇〇さんは、〇〇ですね」って言われたことで心に刷り込まれて思い込んでいるだけだったりするのです。

要は、**本人の思い込みや思い過ごしであることが少なくない**のだとか。

たしかに、「自分はアバウトな性格なんで」と言っている人が、時間に細かくて、納期をきっちり守るタイプ……なんていうこと、よくあります。

自分のことって、実は自分がいちばんわかっていないものなのです。

そうした、**「思い込みや思い過ごしによる、自分自身に関するウソ」が、自分の考えや行動を委縮（いしゅく）させているとしたら、もったいない話だと思いませんか？**

人間は、自分でも意識していないウソを言うものだと自覚し、他人に対してはもちろん、自分に対しても、否定的な言葉が出てきたときは、**「それって本当？」**と自問自答してみる。

そうすると、**「意外とそうでもないかも……」**ということに気がつけるかもしれません。

（参考『優れたリーダーは、なぜ「傾聴力」を磨くのか？』林健太郎著　三笠書房）

34 伝説のクイズ番組ウラ話❶ 挑戦者たちの食費はタダ？

かつての大人気番組、「アメリカ横断ウルトラクイズ（以下、ウルトラクイズ）」。その第10回で決勝まで行かせていただいた私の体験から、ウルトラクイズのウラ話です。まずは、**ウルトラクイズの挑戦者たちが、アメリカ大陸を横断中に、どんな食事をしていたか？　その食事代は？**　というお話から。

ウルトラクイズの挑戦者たちの食事は、ホテルでの朝食や夕食、ホテル外のレストランでの食事、バス移動中のドライブインやファストフード店での食事などがありました。

これらのお世話をしてくださるのが、旅に同行している旅行会社の方。番組の最後にテロップで出ていたように、近畿日本ツーリスト株式会社の添乗員です。

街のレストランへの引率はもちろん、宿泊しているホテルで食事をするときも、一緒に付き添ってくださいました。

「挑戦者たちと、なあなあの関係にならないようにする」という基本姿勢から、番組スタッフは意識的に挑戦者と距離を取っていましたから、**挑戦者たちがもっとも長く顔を合わせていたのは、この添乗員さん**ということになります。

私が参加していた第10回ウルトラクイズの旅を引率してくださった添乗員のKさんは、とても和食が好きな方。ホテル以外で食事をするときは、何度か現地の日本食のお店（と言っても高級店ではなく、大きな和食ファミレスという感じのお店ですが）に連れて行ってくださいました。

ホテル食やファストフードの食事が続いて「お米のご飯」に飢えているときの和食レストランは、とても有り難かったのを覚えています。ごく普通のトンカツとご飯が、やけにおいしく感じられたものです。

しかし、いっぽうで、当時の私は、「せっかくアメリカに来ているのだから、現地の人たちが食べているガチガチのアメリカンフードのお店で食べたい」などと思うこともありました。

しかし、あとから考えると、あれは、**添乗員さんが和食好きという理由だけでなく、挑戦者たちの体調を考えて、食べ慣れた和食のお店を選んでくれていたのではないか**……と思っています。

明日負けて帰国する誰かとの「最後の晩餐（ばんさん）」

ウルトラクイズから帰国して、よく聞かれた質問です。

「挑戦者たちって、アメリカを横断する間、宿泊と食事は無料だったの？」

お答えしましょう。

はい。**宿泊代は番組持ちでした。**

そして、**食費は、自由時間に挑戦者が外出して食べる場合は自腹。挑戦者が集まって食事をするときは、飲み物以外はタダ**でした。

飲み物って、つまり、食事のときに飲む、ビールとかジュースですね。飲み物もタダだと、「こりゃー、いいや」って、バンバン飲んじゃう挑戦者がいないともかぎりません。**ベロンベロンになるまで飲んで、次の日の本番で二日酔いのままクイズをやられたらシャレになりませんから、「飲み物代は自前」も納得です。**

真相は知りませんが、かつて、そんな挑戦者がいて、それ以来、飲み物代は自前になったのかもしれません。

現地のレストランで食事をしたとき、印象に残っているのは、すぐそばで食事をしているアメリカ人との「**胃袋の違い**」でした。

日本人なら5人くらいで分けてもお腹がいっぱいになりそうな「山盛りのフライドチキン」を、おじさんが1人でビールを飲みながら見る見る平らげてしまうのを目撃したこともありました。

全員とはいいませんが、ギャル曽根（そね）さんのような食べっぷりをしている方を何人も見かけたものです。

ウルトラクイズでは、本番前日の夕食は、「**明日負けて帰国する誰かとの、最後**

の晩餐」です。食事をしながら、ふと、**「このなかの誰かとは、明日はもうお別れなんだ」**と思うことが何度もありました。

私の参加した第10回ウルトラクイズは、ウルトラクイズ史上で唯一、途中で挑戦者を南米ルート組と北米ルート組に分けた回でした。具体的にはアトランタで、挑戦者を北米組と南米組に分けたのです。

そのアトランタでの「お別れクイズ」前夜の夕食は、広い部屋で全員が同じ長テーブルを囲むことができるレストランでの食事でした。

たしか、**司会の福留功男(ふくとめのりお)さんも、珍しく同席してくださっていたと思います。**

実はあの日の夕食は、明日のクイズでメンバーが半々に分かれることを知っていた番組スタッフが、**少し豪華な「最後の晩餐」を用意してくれたのかもしれない……**と、あとになって思ったのです。

35 伝説のクイズ番組ウラ話❷ ほぼ命がけ？ ニューヨーク決勝戦のヘリコプター撮影秘話

ウルトラクイズのクライマックスであるニューヨークでの決勝戦の直前。映画の「007（ダブルオーセブン）」シリーズのテーマ曲とともに、決勝を戦う2人を乗せた2機のヘリコプターが摩天楼（まてんろう）の上を飛ぶ、あの名場面の裏話です。

最近のテレビ番組を見ていて、つくづく思うこと。それは、「ドローンの登場によって、空撮が安上がりになったなぁ」ということです。

私が第10回のウルトラクイズに参加したのは、1986年のこと。ドローンはすでに存在していたようですが、それをテレビ番組の撮影に利用するなどとは、誰も発想していなかった時代です。

砂漠にそびえたつテーブル状の台地である「メサ」も、ナイアガラの滝も、空からの絵を撮るためには、すべてヘリコプターをチャーターし、カメラマンが乗り込んで撮影をしていました。

クイズの問題文が入った封筒を空からバラまいて、挑戦者たちが走っていって封筒を拾ってきてクイズに解答するという「バラマキクイズ」も、わざわざヘリコプターをチャーターして、封筒をバラまいていたのです。

想像するだけでも、「製作費がかかったなぁ……」という思いです。

おそらく、1回の空撮費用で、普通のテレビ番組数回分は撮影できたのではないでしょうか（知らんけど）。

これが現代なら、ドローンで全部できてしまうのですから、本当に便利になったものです。

さて、ウルトラクイズの空撮と言えば、もっとも印象的なのは、ニューヨークでの決勝戦の直前、挑戦者を乗せたヘリコプターが、摩天楼の上空を飛ぶ場面でしょう。

かつて、ウルトラクイズをテレビで見た私は、あの場面に果てしないロマンを感じました。そして、**「いつか、ウルトラクイズに出て、あのヘリコプターに乗りたい！」**と、そんな途方もない夢……というより「野望」を抱いたのでした。

いざ、実際にニューヨークの上空を飛んでみたら

「ウルトラクイズでニューヨークへ行って、摩天楼の上をヘリコプターで飛ぶ」。そんな、夢物語が、まさか実現するとは、正直、思っていませんでした。

どんなに無理っぽい野望でも、とりあえずは抱いてみるものですね。


さて、ニューヨークでの決勝の前、ホテルからヘリポートへ移動した私。

第10回のウルトラクイズは、唯一、旅の途中で挑戦者を北米ルートと南米ルートに分けたため、私は南米ルートから誰が勝ち上がってくるかも知らぬまま、たった1人、カメラマンとともに、ヘリコプターに乗り込みました。

いよいよ、ずっと憧れていた、摩天楼上空へのフライトです。

しかし、実際に飛んでみたら……。

「**こ、怖い！**」

まず、迫力のある映像を撮るために、カメラマンが座っているすぐ横の扉が全開でした。そして、私の席側も全開とまではいきませんが窓を開けているので、風がビュービュー入ってくる。

その状態で、エンパイアステートビルのすぐ近くを通り過ぎたり、摩天楼を見下ろす絵を撮影するために、機体を斜めに傾けて、きりもみしながら降下したりするのです。き……、きりもみってあなた……。

私は高所恐怖症ではありませんが、高いところが得意というわけでもありません。

普通に飛んでいる分には「天下を取った」ような気分でしたが、時おり、「あっ、このヘリ落ちる、死んだ」と思う瞬間があり、かなり怖かったのを覚えています。

さらに……です。

シートベルトを締めている私でも怖いのに、あろうことか、カメラマンはヘリコプターの外に身を乗り出して撮影しているではありませんか。オーバーではなく命がけの撮影です。

そんな姿を見て、私は「ああ、この人たちは、ファインダーをのぞくと怖いモノがなくなるのだな……」と、つくづく思いました。

コンプライアンスなどという言葉がない時代のテレビ番組は、本当に無茶をやっていたと、今にして思います。

テレビで見ていたときは、決勝前のこのヘリコプターの場面を、「カッコイイなあ」と思って見ていました。

しかし、実際に体験すると、ヘリコプターを上から撮っている絵や、摩天楼を俯瞰（ふかん）する絵が、すべて、カメラマンがヘリコプターから撮影しているのだという当たり前の事実に、あらためて気づかされたのでした。

今なら、ドローンで、もっと大胆な絵を撮ることが可能なのかもしれません。
しかし、映画でCGを使わないアクションシーンが見直されているのと同様に、
当時の手づくりの映像にノスタルジックなロマンを感じてしまうのです。

36 伝説のクイズ番組ウラ話❸ ニューヨーク決勝戦、数時間前

第10回ウルトラクイズのニューヨーク決勝戦の直前ウラ話の続きです。

摩天楼の上をヘリコプターで飛ぶシーンの撮影後、私はふたたびヘリポートに降り立ちました。

それまでのウルトラクイズは、ニューヨークにあるパンナムビル（現メットライフビル）の屋上で行うのが定番です。「あれ？　パンナムビルの屋上のヘリポートじゃなくて、はじめに飛び立ったヘリポートに戻るんだ？」と思う私。

別のヘリコプターに乗っていた司会の福留功男さん（以下、留さん）が戻ってきたので尋ねると、こんな回答が。

「ああ、パンナムビルはハドソン川からボートに乗っていくんだよ。あのビルはね、地下に水濠(すいごう)があって、地下からエレベーターで上がるんだ」

今ならすぐに大ウソ（というかジョーク？）だとわかります。でも、当時の私は社会人になったばかりの右も左もわからない純粋（？）な若者で、その言葉を信じ込みました。というか、たぶん決勝戦を前に気分が高ぶっていて、細かなことはどうでもよくなっていたのかもしれません。

留さんの言葉のとおり、船に乗り込みましたが、このあたりから私は目隠しをさせられました。ウルトラクイズでは、本番までクイズのルールがチャレンジャーにバレないように、しばしば目隠しをさせられていましたから、もう慣れっこです。

船（オンエアを見るとそれなりに大きな船ですが、結構、波に揺れて、目隠しをして乗っていた私には小さなボートくらいに感じられました）に乗り込んでから、しばらく経つと、さすがに鈍感な私も「これは、パンナムビルに向かっていないな」と気がつきました。

そして、**「もしや自由の女神があるリバティ島に向かっているのでは……」**と。

前日の自由時間に自由の女神を見るために1人でリバティ島へ行った私は、なんとなく方向感覚でわかったのです。

目的地に着いたらしく、スタッフに手を引かれて下船。そこからは目隠しをしたまま、ずっと待機。

と、突然、目隠しを外されました。

自分がウルトラクイズの回答席に座っていることを知る私。

早押しボタンと連動している、ウルトラクイズファンにはお馴染みの早押しハットをかぶるように言われ、ほぼ同時にプロデューサーの声がかかります。

「あのヘリコプターに、決勝の相手が乗っている！　さあ、睨みつけて！」

見上げると上空には1台のヘリコプターが。どうやら、そのなかに決勝の対戦相手が乗っているらしい。でも、ずっと目隠しをしたままだった私は、とにかく太陽がまぶしくて、目を開けるのがやっと。

「もっと、睨みつけて！」

いや、そんなこと言われても、まぶしいんです……。

そして、南米チャンピオンが……

そんなシーンを撮り終えると、私はふたたび目隠しをさせられて待機になりました。いやはや、この待ち時間がとにかく長かった。

考えてみれば、待たされるのも当たり前です。だって、本当にさっき見上げたヘリコプターに対戦対手が乗っていたとすれば、ヘリポートに戻り、それからリバティ島にやってくるのですから……。

オンエアを見ると、まるでリバティ島にヘリポートがあるようにうまく編集されていますが、実は間にとんでもなく長い待ち時間が挟まっているのです。

この待ち時間に、私は緊張から何度もトイレに行きました。そのたびに目隠しした私の手を引いてくれたスタッフさん、さぞ、面倒だったことでしょう。

トイレのなかだけ目隠しを外して用を足し、また自分で目隠しをしてから、トイレの外で待つスタッフに手を引かれて解答者席へ……。そんなことを4～5回は繰り返したと思います。

やがて……。

どうやらすべての準備が整ったようで、ようやく「西沢さん、目隠しを取ってください」と声がかかりました。

自ら目隠しを取り、言われるままに、ふたたび早押しハットをかぶります。

いよいよ、はじまるのか。

前方の司会席には、すでに留さんがスタンバイしています。

そのまま。数分間。……いや、もしかしたら1分くらいだったのかもしれません……。時が止まり、誰も何もしゃべらない沈黙。

私は、周りの明るさに目を慣れさせようと瞬き（まばた）をしたり、少しだけ目を閉じたり。

そんなことをしていると、突然、留さんが私の後方に目線を向けて、つぶやくように言いました。

「今、やってきました」

その声にうながされて振り向くと、そこにはキャスターつきの旅行用トランクを引き引きずりながらこちらにゆっくりと歩いてくる森田敬和さんの姿が。

実は、森田さんとは日本でずっとクイズを楽しんできたクイズ仲間。プライベートでは「タカちゃん」なんて呼んでいました。

そのクイズの強さは、知りすぎるくらいによく知っています。

実力から考えて、彼以外が南米ルートから勝ち上がってくるとは到底思えませんでした。

目が合うと、タカちゃんはニヤリと微笑んで口を開きます。

「**オレだよ！**」

「**やっぱり来ましたね**」

「**当然！**」

台本なしの素のやり取り。

こうして、第10回のウルトラクイズの決勝戦は、「そのとき」を迎えたのです。

37 伝説のクイズ番組ウラ話❹ ニューヨーク決勝戦、早押しクイズ秘話

今は便利な世の中になったもので、YouTubeで「第10回ウルトラクイズ　決勝」と検索ワードを打ち込めば、1986年に放送されたウルトラクイズの決勝戦のオンエアも、簡単に見ることができます。

私自身、ウルトラクイズにからめた原稿を書くときは、YouTubeで見直すことがあり、この原稿も、久しぶりに決勝戦の映像を見直して書いています。

いや～、我ながら緊張していますね。とくに、決勝戦の早押しの直前、留さんからインタビューされるときは緊張がMAXです。

「西沢さんは相手によって作戦を変えるところがありますね。今日の作戦は立ちましたか？」

「今日はいきます。どんどん押していきます！」

それはそうです。チャレンジャーがたくさんいた番組の前半では、早押しボタンを押す手を遅くして、誤答によるマイナス点にさえ気をつけていれば、簡単に勝ち抜けることができます。でも、決勝は、実力者、森田敬和さんとの一騎打ち。押す手を早くしないと勝てっこありません。

「この一戦に、いちばん必要なものはなんだと思いますか？　森田さん」

「精神力です」

「西沢さんは？」

「集中力です！」

話すというより、もう叫んでいますね。我ながら顔が怖い。

ちなみに、この「クイズは集中力」というのは、当時の私がクイズに対して掲げていた信条です。

「森田さん、帽子をかぶってください」

留さんに促されて、早押しハットを被る森田さん。

私もあらためて帽子を整えます。この帽子、金属製なのですごく重い。少しでも頭をかしげるとずり落ちてしまうので、アゴひもがついています。

心臓はもうバクバク。よく「緊張で心臓が口から飛び出しそう」という表現がありますが、まさにそんな状態。

永遠のように長く感じられた沈黙の20秒。その静寂を留さんの声がやぶります。

「10ポイント先取！　まいります、問題！」

いよいよ、決勝早押しクイズのスタートです。

本当の1問目は「スカイスクレイパー」じゃなかった？

「問題　ニューヨークと言えば摩天楼。では、その摩天楼を英語で言うと？」

ピンポーン！

これに森田さんが「スカイスクレイパー」と正解して決勝がスタート。でも、実はこれ、1問目ではありませんでした。

オンエアではカットされていますが、この問題の前に、4～5問くらい、2人ともスルーした問題があったのです。

記憶では、本当の1問目は次のような問題だったと思います。

「問題　ニューヨークの『マンハッタン』という地名の由来となったのは、ネイティブアメリカンの何族の言葉？」

（答え　レナペ族）

難問ですね（笑）。たぶん、クイズに強い2人が決勝に残ったことから、スタッフは決勝戦の問題の難易度を上げたのでしょう。そのため、最初の4～5問は、私も森田さんも答えることができなかったのです。

このスカイスクレイパーの問題以降、少しずつ問題の難易度がこなれてきました。わからない問題はスルーしつつ、それでも、2人の早押しボタンを押すタイミングはだんだんと早くなっていきます。

「問題　ホーホケキョーと鳴くのはウグイス。では……」

ピンポーン！

3対3の場面。ここで私が押して、「コジュケイ」と誤答。

ホトトギスの鳴き声を「テッペンカケタカ」というように、鳥の鳴き声を人間の言葉にたとえることを「聞きなし」といい、クイズでは、「ブッポウソウと鳴く鳥は？」（答え　コノハズク）という問題がよく出題されます。

ここも、素直にそう答えれば正解だったのに、それまでの問題の難易度を考えて、「コノハズクでは簡単すぎる、ここは、『……では、チョットコイと鳴く鳥は？』と続くのではないか」と予想し、勝負をかけて失敗したのです。

この誤答で、私はほんの少しだけ、ボタンを押す手が遅くなってしまいます。

そのため、ほぼ同時に押した問題も森田さんに取られ続け、点差がどんどん開いていきました。

8対2というところで、私が得意な漫画の問題が出ます。

「問題　鉄腕アトムをつくったのは何博士？」

ピンポーン！

この問題で森田さんが「天馬博士」と正解。私はてっきり「鉄腕アトムをつくったのは天馬博士、では……」と問題文が続くと思ってしまい、手が遅れました。あとから考えれば、これは、つい「お茶の水博士」と答えてしまうのがミソの問題で、ほかの漫画に振ったら面白くない問題です。留さんも、問題文が短いのでゆっくりと読んでいます。

得意分野の漫画問題まで取られてしまい、得点はあっという間に9対2。私は完全に追いつめられてしまいました。

強豪である森田さんに優勝のリーチをかけられて、しかも7点差。絶望的な点差です。

正直、「もうダメか」って思いかけました。

と、ここで福留さんが、絶妙なタイミングで私に声をかけます。

「西沢さん、あきらめるな」

このひと言で、思いました。

「そうだ。第1回の放送をテレビで見た日から、ずっとずっとあこがれてきたウルトラクイズ。今、その決勝戦をやっているんだ。1問でも長くクイズをやりたい！　このままでは終われない！」

留さんのひと言で、あきらめかけていた心に火がつきました。

38 伝説のクイズ番組ウラ話⑤ ニューヨーク決勝戦、最後の1問秘話

ウルトラクイズの決勝戦。森田さんはすでに9ポイント。私としてはもう、先に早押しボタンを押していくしかありません。

「問題　芥川龍之介の小説のタイトルにもなっている、運搬用の手押しぐるまを……」

ピンポーン！

ここで私が押して「トロッコ」を正解。

正直、ここもボタンを押すタイミングは遅かったのですが、リーチがかかっている森田さんが、「あと1問正解すれば勝ち」ということで押す手を少し遅くしていて助かりました。

このあと、少し慎重になった森田さんのスキをついて私が正解を重ねます。

そして、今度は、森田さんが勝負をかけて誤答。スコアが8対4になりました。

「1問取られたら負け」という状況を脱して、精神的にすごく楽になる私。

「問題　今年、広島の平和記念式典でも行われました。路上に横になり死んだフリをする……」

ピンポーン！

ここで私が押して「ダイ・イン」を正解。

当時の私はクイズの勉強のために新聞記事の切り抜きをやっていて、ウルトラクイズに参加する少し前に、別の国で行われたダイ・イン（戦争への抗議活動の方法）の写真つきの記事を切り抜いていて覚えていたのです。

この局面でそんな問題が出るとは、勝利の女神がこちらに微笑みはじめたという気がしました。

その後も正解を続けて私が逆転。いっきに勝負を決めるかというときに出たのが次の問題です。

「問題　アイヌの人たちが、チロンヌップ『山の小さな獲物』と呼ぶ動物はいったい何でしょう？」

初めて聞く問題で、答えは知りませんでした。しかし、この問題を聞いた瞬間、私の頭のなかに、子どもの頃に見たアニメ映画『太陽の王子ホルスの大冒険』で、登場人物の子どもが弓矢でウサギを追いかけている場面が浮かんだのです。

たしか、あの映画はアイヌの伝承をモチーフにしていたはず……。そうか！　答えはウサギだ！

「勝負、西沢さん」と留さん。

ピンポーン！

促されるように勝負をかけた私は、「ウサギ！」と回答。

しかし、残念ながらブザー音が……。

答えは「キツネ」でした。

余談ですが、帰国してから、「ウルトラクイズに行っていた間の新聞記事」の切り抜きをしていたら、たかはしひろゆきさんの絵本『チロヌップのきつね』に関する記事が出ていました。ああっ、この記事がウルトラクイズへの参加の前に新聞に出ていたら……。

ここでまた、流れが森田さんに移ります。決勝戦の早押しの間に、勝利の女神があっちについたりこっちについたり。勝負というのは実に面白い。

最後の1問を押し遅れた理由

そして、森田さんがふたたびリーチをかけ、運命の最終問題。

「問題　17世紀に、インド、ムガール帝国の皇帝、シャー・ジャハーンが……」

ピンポーン！

ここで早押しボタンを押したのは森田さん。

「タージ・マハール！」

優勝が決まった瞬間です。

この問題、**ムガール帝国という単語を聞いた瞬間に、私の頭に浮かんできたのは「セポイの反乱」でした。**問題文で17世紀って言っているのに違う時代の答えが浮かんでしまうあたりは、私の歴史問題への弱さが出ています。

さらに、続く「シャー・ジャハーン」という単語で、「あっ、タージ・マハールだ」と思い直しましたが、今度は、「お妃の名前がムムターズ（タージ）・マハルだから、タージ・マハールは言葉がかぶるので出題しにくい。これは、タージ・マハールがある都市はどこ？（答えはアグラ）までいくか？」と深読みしてしまったのですから、もう手遅れ。

あの短い問題文の間に、2つも「読み違い」をしていたのですから、押し負けてしまうのも当然のこと。負けても仕方ありません。

ちなみに問題文の続きは、「**お妃の死を悼んでつくったお墓をなんというか？**」でした。

こうして森田さんが優勝。私は準優勝となったのです。

今にして思うのは、森田さんが最初にリーチをかけた9対2のとき、留さんが「西沢さん、あきらめるな」と言ってくれたことで、一方的なスコアにならず、見ごたえのある決勝戦ができたことが本当によかったということです。

もし、あのまま負けていたら、北米ルートで敗退したチャレンジャーに顔向けできなくなるところだったし、私自身も不完全燃焼で終わるところでした。

オンエアでは、優勝した森田さんのインタビューが終わったあと、**回答者席でポツンと独り座る私が、自由の女神のほうを振り返って、小さく敬礼をするシーン**が映っています。

あれは、初めてウルトラクイズを見た日から、ずっと夢を見させてくれた自由の女神へ、心のなかで「**女神さん、今日までありがとう**」ってお礼を言ったのです。

誰も見ていないと思ったのに、まさか、カメラにおさめられていたとは……。しかも、その映像をオンエアで使われるとは……。

さすがは超一流のカメラマンたちです。撮り逃しはしませんね。

オンエアの映像を見て、「撮られていたのか……」と唸(うな)ってしまったのでした。

今、あの日の決勝戦を思い出して思うこと。それは、**私の長い人生のなかで、もっともテンションが上がった時間だった**ということです。あとにも先にも、あんなにアドレナリンが爆発した時間はほかにありません。

結果は敗退しましたが、「その後の人生を生きるうえで、自分に『自信』を持たせてくれた経験だった」と言っても過言ではありません。

ウルトラクイズに挑戦できる時代にクイズをやっていたこと。奇跡的に国内予選を突破できたこと。「ウルトラクイズでニューヨークへ行く」という、途方もない夢が現実になったこと。

それらのすべてに感謝しています。

39 偶然を味方につける！

これは、歩合(ぶあい)制の営業の世界に身を投じたばかりのある若者が体験した話です。

その若者……仮にAさんとしましょう。営業マンになって、まだ1か月も過ぎていなかったその日、Aさんは神奈川県の藤沢にあるお客様のところへ、契約書の回収に向かいました。

無事に契約書にサインをいただき、それを会社にFAXして大船(おおふな)駅に着いたところで、会社の上司から電話が入ります。

どうやら、契約書にちょっとした不備があり、もう1度お客様にサインをし直してもらいたいとのこと。Aさんはすぐにお客様先へ戻り、再度、契約書を会社へFAXし直して、帰路につきました。いつも使っている路線が人身事故の影響でストップしていたため、迂回(うかい)して普段は乗らない電車に乗り込み、海側の席に腰かけます。

そして、なんの気なしに、車窓から外を眺(なが)めていた、そのときでした。

突然、湘南の夜空に、ドーン、ドーンと花火が。

その花火を見た瞬間、Aさんは、まるでカミナリに打たれたかのように、突然、こう思ったのです。

「ああっ、僕はこの営業の世界でトップになれる！」

それは、いくつもの偶然が重なって見ることができた花火でした。

もし、今日、藤沢に契約書の回収に来ていなければ……。

回収した契約書に不備がなければ……。

人身事故で別の路線に乗り、海側の席に腰かけていなければ……。

どれか1つでも欠ければ、この花火は見られなかった。

Aさんには、その花火が、**営業の世界に飛び込んだ自分への祝砲**のように思えたのです。

Aさんの名は、浅川智仁(あさかわともひと)さんと言います。

電話営業の会社でトップセールスとなり、独立後は、営業研修の講師やコンサルタントに。今では、数々のビジネス書の著書もあるライフデザインパートナーズ株式会社代表取締役の浅川智仁さん、その人です。

浅川さんは、**「あの日の花火は今も忘れることができない」**とおっしゃっています。

偶然という名の強い味方は、どこにでもいる

もちろん、浅川さん自身もおっしゃっているように、その日、浅川さんが湘南の花火大会の花火を見ることができたのは偶然でしかありません。

いかに奇跡的であっても、偶然は偶然。

でも……。

運をつかむことができる人は、この「偶然」というヤツを味方につけるのがうまいのです。

私もかつて、この「偶然」というものを、味方にしたことがあります。

それは、第10回アメリカ横断ウルトラクイズで、後楽園球場（当時はまだ東京ドームになっていませんでした）での○×クイズの予選を突破したあと、クイズ仲間と祝杯をあげたときのこと。

会社に入社して1年目だった私は、○×クイズは突破したものの、突破した瞬間は、内心、「会社を休んで参加はできないな」と思っていました。

しかし、直後に行われた挑戦者たちへの参加説明会で、司会の福留さんから「**現代人はなかなか冒険ができない。でも、ウルトラクイズにはまだその冒険が残っている。ぜひ、挑戦してほしい！**」という言葉を聞いて、「あっ、挑戦したい！」と、社会人としてあり得ない考えが頭を支配してしまったのです。

ですから、後楽園球場からの帰りに寄った、デパートの屋上のビアガーデンでの祝勝会の最中、ずっと、「いやいや、本当に新卒入社したての新人が（もし決勝まで進んだら）1か月も会社を休んでウルトラクイズに行ってもよいのだろうか？」と悩んでいたのです。

ここで、「ある偶然」が私の味方をしてくれました。

ビアガーデンの片隅に、小さな神社があったのです。

えっ？　デパートの屋上のこんなところに神社？

そう思いながら、お賽銭（さいせん）をあげて、手を合わせました。

その瞬間、なんだか、神様から、**「行け！　アメリカに行け！　これは一生に一度のチャンスだ！」**と言われたような気がしたのです。

もちろん、そこに神社があったのは、ただの偶然です。

神様から、そんなことを言われたような気がしたのも、自分が行きたい気持ちを抑えられず、自分で自分に都合のよいウソをついただけだとわかっています。

でも……。

それでも、その**「こんなところに神社があった」という偶然は、私の背中を押してくれるには十分**だったのです。

こうして、偶然を都合よく解釈し、自分で自分の背中を押して参加したウルトラクイズの旅。その旅は、本当に、人生最高の1か月になったのでした。

もし、あのとき、あそこに神社がなくて、祝杯の酔いが覚めて、翌日から会社に行き、現実に引き戻されてアメリカ行きをあきらめていたら……。

考えただけでも、ゾッとします。

人生で、ここ一番の決断をするときは、偶然を味方につけましょう。

「この瞬間に、ゼロ秒でエレベーターがきたから……」

「いつもは通らない道でチラシをもらったから……」

「ぜったいに会うはずがない場所で、あの人と会ったから……」

味方につける偶然は、本当に他愛もないことでいいんです。

その偶然を味方につけることで、もしかしたら、人生が変わるかもしれません。

（参考『仕事ができる人は、3分話せばわかる』浅川智仁著　三笠書房）

40 30億回のカウントダウン

30億回。
いったい、何の数かわかりますか？
少しだけ考えてみてください。
ヒントは、今も、あなたは、この数を刻み続けています……。
もう、おわかりですね。
ちょっとヒントが簡単すぎました。
そうです。

30億回とは、**人が一生の間に打つ、心臓の鼓動の平均回数**なのです。

心臓の鼓動は1日に約10万回。
人間の一生を約3万日とすると10万×3万で約30億回です。

ちなみに、この心臓。
細胞分裂を起こさないため、癌(がん)になることが極めて少ないのだとか。
言われてみれば、「心臓ガン」て、ほとんど聞いたことがありません。

それにしても、だいたい30億回、心臓がトックントックンと鼓動すると、ほぼ、人生が終わるとは……。
そう考えると、1回1回の鼓動が、**貴重なカウントダウン**のように思えてきます。

ちょっと、胸に手を当ててみて、鼓動を数えてみましょうか……。

1回……。

2回……。

3回……。

ああ、いかん。

貴重な30億分の3回を消費してしまった……。

以前に、「**人生の時間の流れを遅くする方法**」というのを聞いたことがあります。

やり方は単純。

目いっぱいに、自分のやりたいことを詰め込む。

新しいことに挑戦し続ける。

そうすると、とたんに時間がゆっくり流れはじめるのだとか。

私自身の人生で考えてみると、たしかに、会社員の頃は、ほとんど、毎日に変化がなくて、お正月だと思っていたら、あっという間に暑くなり、気がつけばクリスマスで、次の年がやってきていました。

ああっ、時の流れが速すぎる……と思う日々。

子どもの頃は、あんなに1年が長かったのに……。

ちなみに、「実際の時間の流れと体感時間が一致する」のは19歳の頃なのだとか。つまり、19歳以降は、「どんどん時間の流れを速く感じるようになる」ということです。

しかし。

今、フリーランスになって、年に何冊か本を書くようになると、たしかに「時間の流れが遅くなった」と感じます。

初めての本、『壁を越えられないときに教えてくれる一流の人のすごい考え方』(アスコム)を出版したのは2012年9月のこと。

2022年で丸10年が過ぎましたが、なんだか、初出版からもう20年くらい経ったように感じます。

それだけ、目いっぱい、自分のやりたいことを詰め込んだ時間を過ごさせていただいているのだと思います。


本当に有り難いことです。

日々、感謝の思いを持って、30億回の残りの鼓動を打ち続けたい。


「最近、なんだか毎日が速い」と思っているあなた。

もし、時間の流れを遅くしたいのであれば、何か新しいことにチャレンジしてみてください。

本当に自分がやりたいことにトライしてみるのもよいと思います。

マンネリの日々をリセットしましょう。


30億回のカウントダウンは、今、この瞬間も続いています。

おわりに

自分をリセットしてくれる時間

最後まで読んでいただき、ありがとうございました！

コーヒーブレイクの時間のお供、楽しんでいただけましたでしょうか？

私がまだ会社員だった頃。

ある先輩社員と営業同行したときのこと。

訪問先での商談を終えて帰社する前に、会社のすぐ近くにある喫茶店に寄ったことがあります。

その先輩社員曰く。

「**会社に戻る前には、よくここに寄って、心をリセットしているんだ**」

滞在時間は、ほんの10分程度。

それこそ、コーヒー1杯を飲むだけ。何をするわけでもない時間です。

でも、この時間が、**「会社に帰ってから、仕事を終えるまで、もうひと踏ん張り」**をするための活力になるというのです。

コーヒーブレイクって、そんな時間にもなるのですね。

嫌なことがあったとき。

頭を休めたいとき。

気持ちをスッキリさせたいとき。

コーヒーブレイクの効用は人それぞれ。

そんな「心のリセット時間」を、ぜひ、大切にしてください。

西沢泰生

【主な参考文献】

『「気がきく人」が大事にしている、ちょっとしたこと』七條千恵美著　Clover出版／『「おもしろい人」の会話の公式』吉田照幸著　SBクリエイティブ／『佐久間宣行のずるい仕事術』佐久間宣行著　ダイヤモンド社／『ユダヤの商法』藤田田著　ベストセラーズ／『スルーされない技術』石田章洋著　かんき出版／『粋な人、野暮な人。』中谷彰宏著　ぱる出版／『赤塚不二夫先生との下落合呑んべえ日記』しいやみつのり著　小学館／『天才の思考　高畑勲と宮崎駿』鈴木敏夫著　文春新書／『あやうく一生懸命生きるところだった』ハ・ワン著　岡崎暢子訳　ダイヤモンド社／『優れたリーダーは、なぜ「傾聴力」を磨くのか？』林健太郎著　三笠書房／『仕事ができる人は、3分話せばわかる』浅川智仁著　三笠書房

イラスト——小野塚綾子

著者紹介
西沢泰生（にしざわ　やすお）
子どもの頃からの読書好き。「アタック25」「クイズタイムショック」などのクイズ番組に出演し優勝。「第10回アメリカ横断ウルトラクイズ」ではニューヨークまで進み準優勝を果たす。就職後は、約20年間、社内報の編集を担当。その間、社長秘書も兼任。現在は執筆業に専念。
主な著書『壁を越えられないときに教えてくれる一流の人のすごい考え方』（アスコム）、『夜、眠る前に読むと心が「ほっ」とする50の物語』『伝説のクイズ王も驚いた予想を超えてくる雑学の本』（以上、三笠書房）、『朝礼・スピーチ・雑談――そのまま使える話のネタ100』（かんき出版）、『名言サプリ』（祥伝社）、『大切なことに気づき、心ふるえる33の物語と90の名言』『コーヒーと楽しむ 心が「ホッと」温まる 50 の物語』（以上、ＰＨＰ研究所）他。

メールの宛先（＝執筆依頼先）yasuonnishi@yahoo.co.jp

本書は、書き下ろし原稿に、ＷＥＢサイト「フムフムニュース」で掲載された記事を加えて再編集し、１冊にまとめたものです。

ＰＨＰ文庫　コーヒーと楽しむ　一瞬で心がリセットされる40の物語

2023年４月17日　第１版第１刷

著　　者　西沢泰生
発 行 者　永田貴之
発 行 所　株式会社ＰＨＰ研究所
東京本部　〒135-8137　江東区豊洲5-6-52
ビジネス・教養出版部　☎03-3520-9617（編集）
普及部　☎03-3520-9630（販売）
京都本部　〒601-8411　京都市南区西九条北ノ内町11
PHP INTERFACE　https://www.php.co.jp/
組　　版　株式会社PHPエディターズ・グループ
印 刷 所　株式会社光邦
製 本 所　東京美術紙工協業組合

ISBN978-4-569-90315-6

PHP文庫

コーヒーと楽しむ 心が「ホッと」温まる50の物語

西沢泰生 著

コーヒーが冷めないうちに読み切ることができるショートストーリー。ベストセラー作家が贈る、疲れた心に効く、真実の物語50を収録。

PHP文庫

コーヒーと楽しむ　心がスッキリする40の物語

西沢泰生　著

人気シリーズ第3弾！　思わず誰かに話したくなる、本当にあったいい話だけを厳選。1話3分で読めて、心の疲れや不安が消える1冊！